Pınar Selek

Weil sie Armenier*innen sind

Essay

Aus dem Französischen
von Dorothea Dieckmann

AF511155

Pınar Selek

Weil sie Armenier*innen sind

Essay

orlanda

reihe welt bewegt

Anmerkung zu dieser Ausgabe

In Absprache mit der Übersetzerin Dorothea Dieckmann haben wir beschlossen, dass der ursprüngliche Text der Autorin, der nicht gegendert war, so erhalten bleiben soll. Nur im Titel und in Überschriften verwenden wir das Gendersternchen, um zu verdeutlichen, dass alle Armenier*innen gemeint sind. Das neue Nachwort von Pınar Selek ist so gegendert, wie sie das im französischen Originaltext getan hat. Diese Entscheidung haben wir aus Respekt vor den vielen persönlichen Schilderungen von Pınar Selek in diesem Essay getroffen. Wir hielten es für nicht angebracht, in diese Texte einzugreifen. Wir bitten dafür um Verständnis.

Inhaltsverzeichnis

Vorwort 7

1. Der Aufsatz 11
2. Eine fremde Nachbarin 16
3. Ein gefälschtes Bild 18
4. Die Hand, die das Schwert trägt 26
5. Die überhebliche Identität 32
6. Was Istanbul erzählt 36
7. Das könnte dir schaden 39
8. Der Raki von Agop 46
9. Mit der Linken, trotz der Linken 51
10. Die Hände 55
11. Wo sind die Armenier*innen? 60
12. Die Wiederbelebung des historischen Fluchs 63
13. Karins Schrei 70
14. Gehen oder bleiben 73
15. Die abwesende Türkei 75
16. Zwischen Hoffnung und Verzweiflung 80

Die Jahre vergehen: Alles geht weiter ... 84
Bibliografische Angaben 89

Vorwort

Es war eine Familie von Imkern, die lebte friedlich in ihrem Dorf, bis zu dem Tag, als der Sohn im Alter von gerade einmal sechs Jahren von der gefürchteten Honigkrankheit befallen wurde, die alle vierzig Jahre ausbricht. Die Medizin kannte weder die Ursache des Übels noch das Heilmittel. Außer Honig und Wasser rührte das Kind keine Nahrung mehr an. Die Arzneien, die ihm von allen Seiten angeraten wurden, halfen nicht, und der Kleine wurde von Tag zu Tag magerer. Seine Eltern schleppten ihn von einem Arzt zum andern, von Hoca[1] *zu Hoca, ja selbst zu Exorzisten. Vergeblich. Das Kind hatte nur noch Augen für die Honigtöpfe.*

Eines Tages empfahlen die Nachbarn den Eltern einen alten Weisen. Müde, jeden Tag an eine neue Tür zu klopfen, führten sie das schwächliche Kind in die Hütte des Mannes. Dieser seufzte, nachdem er sie lange angehört hatte, und sagte: »Gebt mir zehn Tage, dann kommt wieder zu mir. Wir werden sehen, ob ich euch helfen kann.« So sehr die Eltern auch in ihn drangen, mehr sagte er nicht. Zehn Tage vergingen. Die bedrückten Eltern besuchten den Alten wieder. Dieser ließ den Jungen näher treten, schaute ihm direkt in die Augen und sagte zu ihm: »Du weißt ja, dass man auch andere Dinge als Honig essen kann. Es ist notwendig.« Dann reichte er ihm einen Brotkanten. Das Kind nickte, nahm das Brot und führte es zum Mund. Am selben Tag begann es wieder, von allem zu essen.

1 So bezeichnet man in der Türkei einen geistlichen Lehrer und Heiler.

In den Tagen darauf wurde der Vater von Neugier zerfressen. Was dieser heilige Mann gesagt hat, haben andere schon tausendmal vor ihm gesagt. Warum hat mein Sohn auf ihn gehört? Was ist sein Geheimnis?

Mit dem Honig eines ganzen Bienenstocks im Bündel machte er sich auf und klopfte erneut an die Tür des Weisen. Auf vielen Umwegen versuchte er, ihm die Lösung des Rätsels zu entlocken. Der Alte lächelte, nahm ihn beim Arm und führte ihn auf die Rückseite der Hütte. Dort bewahrte er zwei Bienenstöcke auf. »Es ist einfach«, sagte er, »ganz einfach. Auch ich habe eine Schwäche für Honig. Nie habe ich Lust, etwas anderes zu essen. An dem Tag, als ihr das Kind zu mir brachtet, habe ich um zehn Tage Aufschub gebeten, und während der ganzen Zeit habe ich keinen Tropfen Honig zu mir genommen, damit ich zu meinem Wort stehen kann. Das war eine harte Übung, aber ich habe sie bestanden. Als ich dann zu deinem Sohn sprach, fühlte er die Lauterkeit meiner Rede und glaubte mir. Die Worte, die aus dem Mund kommen, treten zum einen Ohr ein und zum anderen wieder hinaus. Die Worte des Herzens aber erreichen das Herz.«

Dies ist ein Auszug aus einer Erzählung, die ich vor Jahren geschrieben habe. Seither höre ich jedes Mal, wenn ich den Stift wieder zur Hand nehme, die Stimme des alten Weisen. Sie hindert mich daran, am Tisch zu bleiben und zu schreiben, und quält mich mit der Ermahnung, dass auch ich zu meinem Wort stehen soll.

Zeugnis ablegen, sagen: »Ich habe gesehen, ich habe gehört, ich habe erlebt«, das bedeutet, Verantwortung zu übernehmen. Aus dieser Verantwortung heraus schreibe ich heute, damit ich sagen kann, dass ich auf die unheilvollen Folgen hingewiesen habe, die auf einer vom Völkermord geschundenen Erde gegenwärtig sind. Obwohl ich in einer Umgebung aufwuchs, die frei war von der Krankheit des Nationalismus, habe ich mich allzu spät mit der Frage der Vernichtung der Armenier in der Türkei im Jahr 1915 auseinandergesetzt. Das ist nun also meine Aufgabe. Es gibt nichts Wertvolleres, als für die Gerechtigkeit zu kämpfen. Ich sitze auf der Zeugenbank. Zwar weiß ich nicht, wer Richter ist und wer Staatsanwalt, doch ich ergreife das Wort angesichts der dunklen Mechanik der Geschichte.

Natürlich kann der Bericht einer antimilitaristischen Feministin, die mit dem Staat in Konflikt geraten ist, keinen Fehler wiedergutmachen. Aber wird er nicht wenigstens verhindern können, dass neue Fehler gemacht werden? Wie dem auch sei: Der Kampf um Gerechtigkeit verspricht nicht nur einen punktuellen Sieg; er eröffnet einen Prozess der Reflexion und der Neupositionierung. Das hat mich meine eigene Geschichte gelehrt. Ich habe gelernt, jeden Wassertropfen aufzufangen und jedes Korn, das gesät wird, mit einem Lächeln zu begrüßen. Ja, Zeugnis ablegen bedeutet Verantwortung. Bericht erstatten mit den Toten des Herzens – und zu seinem Wort stehen.

1. Der Aufsatz

Themenstellung: Die Lüge des Völkermords an den Armeniern
Titel: Vom Winde verweht, vom Wasser verschlungen
Name des Schülers: xxx
Alter des Schülers: xxx
Vorgabe: Beweisführung, dass die Armenier Anatoliens niemals vernichtet wurden
Schulort: Staatliche Grundschule xxx
Datum: 10. Juni 2003

Zuerst einmal muss klargestellt werden, dass es in unserem Land keine Massaker an den Armeniern gegeben hat. Persönlich habe ich sie jedenfalls noch nie gesehen. Ich hatte nie armenische Freunde und hätte auch gar keine haben wollen. Nach dem, was unser Lehrer sagt, sind sie sehr knauserig. Er ist ein gebildeter Mann und weiß eine ganze Menge. Was hätte ich von einem Schulkameraden, der mir nicht mal seinen Bleistift oder seinen Radiergummi leiht?

Niemand weiß wirklich, wer die Armenier waren und wie sie gelebt haben. Vielleicht waren sie so eine Art Gülyabanis,[2] *von denen uns unsere Vorfahren erzählt haben, oder ähnliche Gestalten. Ich muss nur das Wort »Armenier« hören und kriege Angst. Ein Glück, dass es sie nicht gibt. Wenn es sie gäbe, wür-*

2 Böse Märchengestalten in den türkischen Erzählungen.

den sie uns sofort auffressen, das sagt unser Geschichtslehrer. Er sagt, sie wären alle Terroristen und würden die Einheit unseres Landes gefährden. Und jetzt würden sie versuchen, die Türken gegeneinander auszuspielen, indem sie behaupten, es hätte einen Völkermord gegeben.

Unser Lehrer hat uns erklärt, dass die Worte ermeni *und* terörist *dieselbe Wurzel haben:* er.[3] *Das Wort* er *lässt einen an die Armee denken, es erinnert an Tod, Morde, Massaker. Natürlich meine ich nicht die türkische Armee. Die türkischen Soldaten töten niemanden. Sie vergöttern Kinder und respektieren alte Leute. Die Armenier dagegen ... Es heißt, sie würden sich vor allem an Kindern unseres Alters vergreifen. Erst schänden sie sie, dann trinken sie ihr Blut. Nachts habe ich Albträume, in denen sie mir als Riesen mit einem gewaltigen Kopf und einem Auge auf der Stirn erscheinen ... Früher hatte ich Angst vor den Gülyabanis, aber jetzt glaube ich nicht mehr an sie. Mit den Armeniern wird es vielleicht genauso, und ich werde nicht mehr an sie glauben, wenn ich groß bin.*

Ich habe meine Eltern zu dem Thema befragt, aber sie haben mir nichts gesagt. Mein Großvater auch nicht. Als ich ihn fragte, ist er wütend geworden: »Es gibt keine Armenier, sie existieren nicht! Wer hat dir das alles erzählt? Dass ich das Wort nie mehr aus deinem Mund höre!« Also, wenn ich diesen Aufsatz fertig habe, werde ich das Wort nie mehr aussprechen.

Der Geburtsort meiner Mutter gehörte den Armeniern. Ihr selbst ist die Geschichte eines Tages herausgerutscht. Da habe ich sie gefragt: »Habt ihr denn keine Angst gehabt, dort zu leben? Und wenn ihre Gespenster euch gefressen hätten?« Ich hätte eine saftige

---

3 *Ermeni* heißt auf Türkisch »Armenier«, *terörist* »Terrorist« und *er* »Soldat«.

Ohrfeige verdient. Meine Mutter schlägt mich nie, eben weil sie keine Armenierin ist. Aber wenn man auf das Thema kommt, regt sie sich auf. Ihr Großvater war nach einer langen Reise in dieses Dorf ausgewandert. Als er ankam, war die Gegend offenbar seit langem verlassen, denn es gab weder eine Spur von Armeniern noch von sonst irgendjemandem. Die Geschichte dieses Dorfes geht auf die Hethiter zurück. Das steht in unseren Schulbüchern. Nach den Hethitern kamen die Seleukiden, danach die Osmanen und zuletzt unsere Republik.

Aber was ist dann aus den Armeniern geworden?

Sie müssen ganz einfach verschwunden sein, vorausgesetzt natürlich, dass es sie jemals gegeben hat ... Dabei gibt es durchaus einige Hinweise auf ihre frühere Existenz. Sie finden sich vor allem in den Geschichten, mit denen man Kinder erschreckt. Wenn man größer wird, versteht man allerdings, dass es bloß Märchen sind. Wir haben sie nicht massakriert, denn die Türken würden keiner Fliege etwas zuleide tun. Sie können nicht einmal mit Waffen umgehen. Das merkt man daran, dass die Türken immer wieder ausrufen: »Friede dem Vaterland, Friede der Welt!« und die anderen bei den Händen fassen. Wieso sollten sie andere Leute töten? Türken sind anständig, arbeitsam und vertrauenswürdig. Glücklich, wer sich Türke nennt![4]

Über den Völkermord an den Armeniern spricht niemand.

In Wirklichkeit waren sie es, die versucht haben, uns zu vernichten. Sie haben sich mit dem Teufel zusammengetan, um das Land zu zerstören. Mit ihren Schwertern sind sie auf uns losgegangen.

---

4 »*Ne mutlu Türküm diyene!*« Von Atatürk am 23. Oktober 1933 zum zehnten Jubiläum der Republikgründung geprägter Slogan. 1972 wurde er in den »Schulschwur« integriert, der jeden Montag nach der Nationalhymne und jeden Freitag zum Ende der Schulwoche deklamiert wurde. Generationen von Schülern wiederholten ihn, bis er im Oktober 2013 von der Regierung Erdoğan abgeschafft wurde.

Sie haben Frauen vergewaltigt. Manche haben sie behalten, andere verkauft. Sie haben unsere Ländereien gestohlen und unseren Besitz beschlagnahmt. Sie haben uns alle abgestochen, Kinder und Erwachsene. Keinen einzigen Türken haben sie in diesem Land übrig gelassen. Aber am Ende hat Allah sie bestraft und sie mit einer Handbewegung in die Hölle befördert.

Wie in den Märchen ist ein Wunder geschehen und wir sind zum Leben zurückgekehrt! Wir sind aus den Gräbern auferstanden und haben wieder angefangen zu leben. Ein Prinz hat uns mit einem Kuss wiedererweckt und eine gute Fee hat unsere Wunden geheilt. Seitdem gehört dieses paradiesische Land uns!

Und die Armenier?

Vom Winde verweht, vom Wasser verschlungen.

Hat dieser Aufsatz Sie schockiert?

Auch ich war entsetzt, als der Minister für Nationale Erziehung am 14. April 2003 versuchte, sämtliche Grundschulleiter zu verpflichten, Diskussionen zu organisieren und »Berichte« zu verfassen, die beweisen sollten, dass die Türkei ihre Minderheiten niemals ausgerottet hat.

Den Schülern wurde aufgetragen, über das Thema »Die Aufdeckung der Wahrheit gegenüber den armenischen Lügen« zu schreiben. Die Vorschriften waren unmissverständlich. Der Erlass des Ministeriums sollte Mutmaßungen wie etwa »Vielleicht haben die Türken einige Armenier getötet« verbieten und die Tatsachen als unvermeidbare Reaktionen auf die Mordtaten dieser Rebellen darstellen.

So ist es. So unglaublich es schien, es ist wahr.

Damals war ich keine Schülerin unter der Fuchtel der Lehrer mehr. Ich hatte eine Kolumne in einer Tageszeitung. Ich nutzte die kleine Nische der freien Rede, um diesen »Aufsatz« zu schreiben, mit dem ich mich an alle Leser wandte, besonders aber an die Lehrer, die alten und die neuen.

Wurden die Armenier *vom Winde verweht, vom Wasser verschlungen*?[5] Schon damals wollte ich eine Antwort auf diese Frage nahelegen.

5 Titel des Artikels von Pınar Selek, erschienen in der Tageszeitung *Yeniden Özgür Gündem* am 10. Juni 2003. Unter dem Druck der öffentlichen Meinung wurde der Erlass vom 14. April 2003 schließlich nicht von allen schulischen Einrichtungen umgesetzt.

2. Eine fremde Nachbarin

– Wieso nennt ihr sie »Madame«?

Ich erinnere mich noch an den Blick meiner Mutter. Erstaunt, leicht verstört. Obwohl ich noch klein war, kannte ich doch ihr weiches Herz und wusste, sie würde mich nicht mit einer trockenen Antwort abspeisen, mit einem »Deshalb. Weil es so ist!«.

Wir waren in der Apotheke meiner Mutter. Madame Nayat wollte einfach nicht gehen. Täglich kam sie, um sich den Blutdruck messen zu lassen. Eindeutig ein Vorwand. Viele Leute kamen hierher, um zu erfahren, was im Viertel los war, in Istanbul, ja in der ganzen Welt. Madame Nayat war Stammkundin. Ihre morgendlichen Besuche endeten fast immer mit einem Kaffee.

Das Schweigen dauerte ein paar Sekunden.

– Weil sie Armenierin ist, antwortete meine Mutter.

Weil sie Armenierin ist ... Weil sie Armenierin ist ...

Mein Leben lang klang dieser Satz in mir nach. Aber mit sechs Jahren war es das Wort »Madame«, das mich neugierig machte. Ich wusste genau, dass es nicht türkisch war. Die muslimischen Frauen nennt man »Hanım«: Ayşe Hanım, Fatma Hanım, Ayla Hanım, Pınar Hanım ... Bei den Armenierinnen hieß es dagegen »Madame«. Allerdings war auch das kein armenisches Wort. Meine Mutter erklärte mir, dass es französisch war.

– Spricht Madame Nayat französisch?

– Ich glaube nicht.

– Sind die Armenier Franzosen?

– Das hat damit nichts zu tun. Man verwendet das Wort für die Armenierinnen. Und für die Griechinnen.

– Warum?

– Das ist seit den Osmanen so. Man nennt alle christlichen Frauen »Madame«.

Komisch.

»Madame«, das machte fremd. Eine Nachbarin zu haben, die du »Madame« nennst, das hieß, eine Fremde zur Nachbarin zu haben.

– Sind sie Fremde?

– Nein, ganz und gar nicht! Die Armenier waren lange vor den Türken in Anatolien. Aber man will damit zeigen, dass sie keine Türken sind.

Ein paar Monate später kam ich in die Grundschule. Als ich am Morgen des ersten Schultags vor dem Schultor ankam, sah ich ein riesiges Spruchband an der Fassade hängen: *Glücklich, wer sich Türke nennt!*

War Madame Nayat nicht glücklich? Mit der Zeit würde ich herausfinden, dass es in der Türkei für die Armenier nicht leicht war, glücklich zu sein.

3. Ein gefälschtes Bild

Staatsstreich vom 12. September 1980. Zugleich mit Hunderttausenden von Oppositionellen wird auch mein Vater verhaftet. Der Treueschwur, den wir zweimal wöchentlich an der Schule leisten müssen, hat auf mich dieselbe Wirkung wie Stockschläge.

Wenn man uns jeden Montagmorgen und jeden Freitagnachmittag befiehlt, uns wie Soldaten in einer Reihe aufzustellen, weigere ich mich, die Nationalhymne zu singen, und knicke ostentativ die Knie ein. Ich presse die Lippen aufeinander, während die anderen Schüler aus voller Kehle brüllen: »Mein Leben sei der Nation geweiht. Glücklich, wer sich Türke nennt!«

Ich sperre mich gegen alles, was nach Uniform aussieht. Schließlich war es das Militär, das meinen Vater verhaftet hat. Und es war der Staat, der alle, die ich liebte, ins Gefängnis geworfen hat. Ich denke nicht an Madame Nayat und nicht an die Armenier. Die armenischen Freunde meiner Eltern sind nichts weiter als dunkle Umrisse. Ich habe eine vage Ahnung, dass sie schlimme Dinge erlebt haben, das ist alles. In meinem kindlichen Kopf können die Gedanken nicht weiter vordringen.

1982. Zeit des Terrors. Hunderte von Oppositionellen werden getötet, nicht weniger als eine Million Menschen von der Polizei verhört und in einem Zeitraum von zwei Monaten im ganzen Land Hunderttausende inhaftiert.*[6] Die Opposition ist zerschlagen,

---

6 Bibliografische Angaben zu den mit einem Sternchen* gekennzeichneten Stellen befinden sich am Ende des Bandes.

Gewerkschaften, Vereine und Parteien sind aufgelöst. Eine ganze Generation wird auf lange Zeit durch das Regime traumatisiert.

Ich bin elf Jahre alt; zwei Jahre lang ist mein Vater schon im Gefängnis. Jede Woche gehen meine Mutter, meine kleine Schwester und ich ihn besuchen.

Ich gehe in die erste Klasse des Gymnasiums Notre-Dame de Sion von Istanbul, einer laizistischen Einrichtung in religiöser Hand, die reichen jungen Mädchen mit der Zugehörigkeit zu einer gewissen Elite vorbehalten ist. Man muss Aufnahmeprüfungen bestehen, der Schulunterricht dauert acht Jahre und ist kostenpflichtig. Wir befinden uns im Taksim-Viertel[7] in einem großen Kasten aus Quadersteinen, umgeben von grauen Mauern, wie eine Kaserne im Herzen der Stadt.

Für mich ist es seltsam, mich kurz nach dem Putsch zwischen dreißig höheren Töchtern wiederzufinden, zwischen Mädchen, die nichts als Modemarken im Kopf haben und deren einziges politisches Interesse in der Faszination für den jeweils machthabenden Diktator besteht. In unserer Klasse sind zwei jüdische und vier armenische Mitschülerinnen. Die Armenier schicken ihre Kinder, meist Stipendiaten, lieber in ausländische – vor allem französischsprachige – Privatschulen als in die türkischen Staatsschulen.

Und ist es nicht ganz natürlich, dass diese Mädchen, denen es vorherbestimmt ist, später »Madame« genannt zu werden, Französisch lernen?

In unserer Klasse ist auch eine Nayat. Werden ihre Nachbarn sie später »Madame« nennen? Zu jener Zeit kümmert mich das

7 Europäisches Viertel von Istanbul nahe Beyoğlu. Sein großer Platz ist seit Langem das Zentrum politischer Protestaktionen.

noch nicht. Die Geschichte mit Madame Nayat habe ich fast vergessen. Aber im Umgang mit den Gleichaltrigen bildet sich in meinem Kopf allmählich eine bestimmte Vorstellung von Armeniern. Ein gefälschtes, stumpf angelaufenes Bild, das sich in mir verfestigt und jahrelang meine Wahrnehmung prägt.

In meine Klasse gingen vier oder fünf Mädchen aus Familien türkischer Intellektueller. Wir fanden schnell Kontakt zueinander. Nicht zu den jüdischen und den armenischen Mädchen. Noch weniger zu den modebesessenen. Wir waren unter uns, die Schülerinnen, die sich für Poesie begeisterten.

Damals war es ein Vergehen, eine Gedichtsammlung von Aragon oder Éluard zu besitzen. Gedichte zu lesen grenzte in diesen bleiernen Jahren an Kommunismus. Dann kamen die ersten Streiche, die heimlichen Zigaretten in den Pausen, die Verliebtheiten, die politischen Diskussionen ...

Alle linken Lehrer saßen im Gefängnis. Und die Lehrer, die an den ausländischen Schulen Unterricht in Geschichte, Geografie, Nationaler Sicherheit und Literatur gaben, wurden sorgfältig unter den besonders nationalistisch denkenden Türken ausgewählt. Einige waren derart fanatisch, dass man annehmen musste, sie fühlten sich auf diesem »französischen Territorium« im Besitz einer patriotischen Mission. Wenn ich mich jetzt daran erinnere, sehe ich Karikaturen. Marionetten, über die man nicht lachen kann. Es gibt Hampelmänner, die Kindern das Leben schwer machen.

In den Geschichtsstunden, in Geografie und vor allem in Nationaler Sicherheit mussten die Kinder absurde Formeln des Militärregimes wiederholen. »Wer sind die inneren Feinde?« »Und die äußeren?« Die Türken hatten viele Feinde! Die Terroristen, die Kommunisten, die Armenier ... die Wörter waren austauschbar. Nach dem Staatsstreich waren alle Demokraten zu Kommunisten, alle Kommunisten zu Armeniern und alle Armenier zu Terroristen erklärt worden. Den Büchern zufolge, die wir Zeile für Zeile auswendig lernen mussten, war der Teufel mit Namen »Armenier« der ewige Feind des Türken. Armenier bedeutete Verschwörer, Kollaborateur, Verräter, innerer Feind, Mörder. Sie waren die dunkle Macht, die sich hinter den Kommunisten verbarg. Die Beleidigung »Armenierbastard!« war der Renner unter den populärsten Schimpfwörtern.

Der uniformierte Greis, dessen Anblick man allabendlich im Fernsehen ertragen musste, ließ den Namen *Arrmeeenierrr* im Mund rasseln, je nach Belieben gedehnt oder verzerrt. Mal kniff er dabei die Augen zusammen, mal riss er sie auf. Die Marionettenlehrer wiederholten seine Worte im Unterricht schreiend, wie um uns einzuschüchtern. Stümperhaft ahmten sie den amtierenden Diktator nach.

Weil ich an ihn nicht herankam, brannte ich vor Verlangen, stattdessen die Lehrer am Kragen zu packen, die mit eingefrorenen Gesichtszügen zwischen uns paradierten. Mein Herz drängte nach Revolte, mein Herz oder vielmehr das ungestüme Blut meiner dreizehn Jahre. Die Gewalt, die ich allwöchentlich vor den Gefängnistoren mit ansah, die Verse der Dichter, denen ich im Besucherraum begegnete, die Geschichten, die meine Mutter oder die Freunde erzählten, die bei uns ein und aus gingen ...

Ich wollte handeln.

Im Literaturunterricht war es unmöglich, über Nazım Hikmet, Yaşar Kemal oder Kemal Tahir [8] zu sprechen. Osmanische

8 Der Dichter und Dramaturg Nazım Hikmet, der Romancier und Novellist Yaşar Kemal und der Romancier Kemal Tahir kamen mehrfach wegen ihres politischen Engagements und ihrer Werke, die als subversiv betrachtet wurden, in Bedrängnis.

Dichtung hier, osmanische Dichtung da ... Also machte ich es mir zur Aufgabe, Gedichte von Hikmet in die Schulkorridore zu kleben. Doch diese Plakate hingen nicht länger als eine Stunde an der Wand.

Im Klassenzimmer zeigte meine Hand immer nach oben. So gut es mir die Worte erlaubten, sprach ich von Gleichheit, von Freiheit, von Frieden. Manchmal wagte ich es, die Wörter »Kapitalismus« oder »Faschismus« in den Mund zu nehmen. Die Karikaturen starrten mich an, als sei ich eine böse Kommunistin. Zweifellos veranlasste sie die Situation meines Vaters, mich zu dulden. In der ganzen Schule gab es keine andere Schülerin, deren Mutter oder Vater im Gefängnis war. So sehr ich auch suchte, ich fand niemanden. Manchmal hatte ich genug davon, die Rebellin der Klasse zu sein. Ich suchte Komplizen.

Ahnen Sie, wer die Stillsten im Unterricht waren? Die Armenierinnen ...

Ich sagte mir, dass ich mich mit ihnen, die von den Marionetten beleidigt wurden und den Diktator vor Zorn platzen ließen, zusammentun müsse. Dass ich ihre Hände ergreifen und auf mein Herz legen, dass ich einen Strauß aus allen Gedichten in diese Hände legen müsse. Waren die Armenierinnen nicht die Einzigen, mit denen ich die Qual teilen konnte, die mich zerfraß? Wir mussten Freundinnen werden. Zusammen würden wir dem Diktator das Käppi vom Kopf reißen und es auf die Erde werfen!

Aber warum nur reagierten sie nicht auf die Beschimpfungen?

Nichts und wieder nichts ... Diese Mädchen rührten sich nicht mehr als ein Blatt, über das der Wind streicht. Man hätte meinen können, sie seien gar nicht in unserem Alter, sondern größere, reifere Schwestern. Bekümmerte, erloschene, stille Tanten. Unsere stummen Kameradinnen. Fleißige, brave Mädchen, die zusammen die Schulbrote aßen, die sie mitgebracht hatten. Und das Schlimme war, dass wir uns an dieses Bild vom »armenischen Angsthasen« gewöhnten.

Warum sage ich »wir«? *Ich* gewöhnte mich daran, obwohl ich wusste, dass der Diktator, das Fernsehen, die Schulbücher und die Kasperlepuppen von Lehrern Lügen herunterleierten; obwohl ich vom Genozid gehört hatte und eine Art Komplizentum mit dieser »Madame« oder jenem »Monsieur« empfand, die in die Apotheke meiner Mutter kamen.

Den Kopf zerbrach ich mir nicht darüber. Ich hatte ihre Resignation verinnerlicht. Nicht ein Mal habe ich versucht, mich an die Stelle dieser Mädchen zu versetzen. Ich zog nicht die geringste Verbindung zwischen ihrem Verhalten und dem Spruch »Weil sie Armenierin ist«, dessen Absurdität ich als Kind begriffen hatte.

Später hat mich eine der scheuen Mitschülerinnen an diese Worte erinnert. Können Sie mir glauben, wenn ich Ihnen sage, dass ich ihren Namen vergessen habe?

Was ist der Preis des Vergessens? Was wird aus einem, wenn man vergisst?

Während die meisten Mädchen am Ausgang des Gymnasiums den Bus nahmen, um nach Hause zu fahren, überquerten einige von uns die Straße, um auf der anderen Seite per Anhalter zu fahren. Das war verboten, und weil wir eine Schuluniform trugen, riskierten wir eine Schulstrafe. Aber niemand hat es je bemerkt, und wir sind immer auf diese Weise zwischen der Schule und zu Hause unterwegs gewesen.

Eines Tages hatten wir nach dem Unterricht ein bisschen getrödelt, und die Mitschülerin mit dem vergessenen Vornamen verpasste ihren Bus.

– Los, komm! Wir trampen!

Sie wollte nicht. Wir drängten.

– Was ist? Wir machen das auch, und unsere Familien wissen nichts davon!

– Es ist nicht wegen meiner Familie ...

– Weil du Stipendiatin bist? Keine hat deswegen eine Strafe gekriegt. Dir passiert schon nichts.

Sie bebte wie eine gefangene Biene.

– Es ist, weil ich Armenierin bin.

Keine verstand sie. Aber wie ein Zauber ließen uns diese Worte verstummen.

Sie hatte nussbraune Augen. Ein tränennasser Blick fiel auf mich, bevor er sich am Boden verlor.

Die Verbindung zwischen diesem Flüstern und dem eisenharten Slogan auf dem Giebel meiner Grundschule, der mich Jahre zuvor bestürzt hatte, zog ich nicht. Ich war Gefangene des gefälschten Bildes ...

Ein paar Tage später vergaß ich es.

Was wird aus einem, der vergisst? Er gewöhnt sich an das Böse.

Ich gewöhnte mich daran, dass die Armenierinnen keine Dummheiten machten. Meine Mutter hatte recht: Was in den Schulbüchern stand, war erlogen. Ja, Lügen auf der ganzen Linie. Die Armenier konnten keine Feinde im eigenen Land sein, schon gar keine verbrecherischen. Die Armenier machten keine Dummheiten. Sie waren gefügig. Ich war Zeugin. Zeugin?

Ich war nicht wie sie. Ich klebte Plakate, ich ging jede Woche meinen Vater im Gefängnis besuchen, ich widersprach den Lehrern, ich trug die Schulstrafen wie Orden am Jackenkragen, ich schmuggelte verbotene Bücher in die Schule, ich las Gedichte, ich fuhr per Anhalter, ich rauchte, ich ...

Glücklich die, welche sich ... nennt.

4. Die Hand, die das Schwert trägt

Erst an der Universität setzte ich mich mit diesem falschen Bild auseinander. Das war, als mir Madame Talin ihre Geschichte erzählt und die Narbe unter ihrer weißen, bestickten Bluse gezeigt hatte. Ich schaute sie an, schaute, wieder und wieder ... und sah darin nicht nur den ein Jahrhundert zurückliegenden Völkermord, sondern auch die Vernichtung, die auf unserer Gegenwart lastet.

Auch Madame Talin war eine Nachbarin und Stammkundin in unserer Apotheke. Ich kannte sie seit jeher. Ab und zu lud sie mich und meine jüngere Schwester ein, nach der Schule bei ihr zu Hause die Mandeltaschen zu essen, die sie gebacken hatte. Damit wollte sie meine Mutter unterstützen, die von morgens bis abends arbeitete, doch darüber hinaus mochte sie uns gern. Sie war eine sanfte, liebevolle Frau.

Seit drei Generationen lebte ihre Familie in Istanbul. Durch die Flucht in die Stadt war sie dem Völkermord entgangen, der über Anatolien gefegt war. Ich sage »ihre Familie«, obwohl nur einige ihrer Angehörigen überlebt hatten. Ihre Großtante, ihre Tanten, ihr Großonkel, ihre Landgüter in İskenderun[9] und das Haus des Großvaters: alles war vom Winde verweht, vom Wasser verschlungen ...

9 Früher Alexandrette, Stadt im Süden der Türkei. Bis 1918 unter französischem Mandat, wurde sie nach dem Zusammenbruch des Osmanischen Reiches 1938 wieder an die Türkei angegliedert.

Aus ihrem Mund hörte ich zum ersten Mal den Ausdruck »Überreste des Schwerthiebs«.[10] Diese Worte erschreckten mich. »Überreste« erinnerte an Schmutz, an Müll, an Speisereste, die man mühselig zwischen den Zähnen hervorzieht. Knochen oder Gräten in einer Serviette. Gerippe und Fell, das die Raubtiere übrig lassen, wenn sie ihre Beute verschlungen haben. Nackte Körper, abgerissene Glieder ... Und da sich »Schwert« anschließt: Wie nicht an die Hände denken, die es schwangen? Wilde Tiere haben kein Schwert. Die Überreste, das Schwert und die Menschen ... Szenen von Massakern.

Später hörte ich diesen Ausdruck immer wieder. Oft tauchte er als Bezeichnung für die Armenier auf. Erschreckende Worte, doch alle Welt benutzte sie. »Ich bin ein Überrest des Schwertes«, hatte Madame Talin gesagt. Das hatte mich erschüttert. Ich konnte die Visionen von abgetrennten Köpfen, durchschnittenen Kehlen, Strömen von Blut nicht mehr loswerden.

Ihre Familie hatte sich in Istanbul in Sicherheit gebracht – aber bis zu welchem Punkt? Trotz des Minderheitenstatuts, das der Türkei nach dem Ersten Weltkrieg aufgenötigt wurde,[11] hatten sie stets in Angst gelebt. Obwohl er die Bestimmungen ratifiziert hatte, erlaubte ihnen der Staat nicht, Bürger wie die anderen zu sein. Er unterdrückte sie. Sie waren eine Last geworden. Unerwünscht im eigenen Land.

Wer weigert sich am nachdrücklichsten, die Existenz derjenigen anzuerkennen, die dem Schwert entkommen sind? Der

10 Das Wort »Seyfo« (Schwert) steht für den Völkermord an den Armeniern, Assyrern und Aramäern zwischen 1915 und 1917 (A. d. Ü.).

11 Das Abkommen von Lausanne, am 23. Juli 1923 von sieben Staaten und der Türkei unterzeichnet, verpflichtet die Türkei, die zivilen und politischen Rechte der nicht muslimischen Minderheiten anzuerkennen, in erster Linie Griechen, Juden und Armenier.

Herr des Schwertes natürlich. Es ist eine schlimme Strafe für den Mörder, gezwungen zu sein, mit den Nachkommen derjenigen zusammenzuleben, die er geköpft hat, und ihren Blicken nicht ausweichen zu können. Selbst wenn der Schuldige sich widerwillig und notgedrungen damit abfindet, wird er alles daransetzen, sich die Nachfahren vom Hals zu schaffen.

Viel Zeit ist seit 1915 verflossen. Die Osmanen sind verschwunden, die türkische Republik ist gegründet worden, und diejenigen, die das Schwert erhoben haben, liegen seit Jahren im Grab. Und nun? Wen könnten die »Überreste« jetzt noch stören?

Das Schwert ist noch da. Es ist nur in andere Hände geraten. Die Hände, die es an sich reißen, erneuern sich ohne Unterlass. Wie die Treueschwüre, wie die Ergebenheitsbezeugungen ...

Natürlich wagt niemand mehr, das Schwert zu ziehen. Die Zeiten haben sich geändert. Es geht nicht mehr darum, die Armenier über die Klinge springen zu lassen. Doch es gibt tausend Arten zu töten.

– In Kumkapı[12] hatten wir ein hübsches Café, erzählte Madame Talin. Ich ging dort zur Grundschule. Abends haben wir mit den Nachbarn gegrillten Fisch gegessen.

Die Apotheke, unser und ihr Haus lagen im asiatischen Teil Istanbuls, Kumkapı liegt im europäischen. Zwanzig Minuten im vapur,[13] nicht länger ... Aber das war keine Frage der Entfernung.

– Ein anderer Kontinent. Ein anderes Viertel. Andere Nachbarn. Eine andere Geschichte ...

12 Istanbuler Viertel, wo sich der Sitz des armenischen Patriarchen, armenische Schulen und mehrere Kirchen befanden.

13 vapur: Schiff der öffentlichen Verkehrsbetriebe, das zwischen dem europäischen und dem asiatischen Teil Istanbuls verkehrt (A. d. Ü.).

Nun, wenn es so schön war in Kumkapı, warum war sie umgezogen?

Während des Zweiten Weltkriegs war alles, was sie besaßen, der Vermögenssteuer[14] zum Opfer gefallen.*

– Sie haben uns das Haus weggenommen und unser Café.

Es gibt tausend Arten zu töten.

Ihre Schwester und ihre beiden älteren Brüder hatten fünfzehn Jahre lang ausgehalten. Dann, nach den Ereignissen des 6. und 7. September 1955,[15] waren sie nach Frankreich ausgewandert.

So wurde die Beseitigung der »Überreste« fortgesetzt. Aber Madame Talin hatte durchgehalten. Sie hatte das Wohnviertel gewechselt, sogar den Kontinent, aber sie hatte Istanbul nicht verlassen.

Nach dem Tod ihres Vaters blieb sie mit ihrer alten Mutter allein. Sie hatte keine Kinder. Sie hatte nicht geheiratet. Ich weiß nicht, ob sie jemals verliebt war. Sie hat mir nichts davon gesagt.

– Auch ich möchte weggehen, gestand sie mir eines Tages. Hier hält mich nichts mehr. Soll ich mein Leben damit verbringen, die Toten zu bewachen?

Schädel, abgeschnittene Arme, Pestgestank, Totenwachen ...

Plötzlich still, hatte sie mich beschämt angeschaut. Konnte man einem so jungen Mädchen von solchen Gräueln erzählen?

Du hast gut daran getan, Madame Talin. Dir verdanke ich, dass

---

14 Am 11. November 1942 beschlossen die türkischen Abgeordneten einstimmig das Gesetz zur Besteuerung der Vermögen unter Benachteiligung der Minderheiten (der bei den Nichtmuslimen erhobene Betrag war wesentlich höher als der von den Muslimen eingeforderte).

15 Die Pogrome von Istanbul im Jahr 1955 führten zum Tod von über einem Dutzend Menschen und zur Plünderung von mehreren Tausend Häusern und Läden, von 110 Hotels, 27 Apotheken, 23 Schulen, 21 Fabriken, 73 Kirchen, zwei Klöstern, einer Synagoge und mehreren Friedhöfen der Griechen, der Armenier und der Juden.

ich angefangen habe, mir Fragen zu stellen und in den Büchern nach Antworten zu suchen.

Die völlige Abwesenheit irgendeiner Spur des Genozids in der türkischen Literatur dieser Periode führte zu meiner ersten Enttäuschung. Sosehr ich auch nach einem Satz, einem Vers, einem Wort, einer Anspielung suchte, ich fand nichts. Hatten die Türken und die Kurden, die Dichter, Erzähler und Romanciers, die zu jener Zeit lebten, alle die Sprache verloren?

Wie war das möglich? Ist ein Dichter nicht immer jemand, der sich auflehnt? Ich spreche nicht von den Lohnschreibern, die man uns zu studieren zwang. Gab es damals einfach keine Dichter? Und die Sänger, die in allen Winkeln Anatoliens und Mesopotamiens mit der Erde, den Lebewesen, den Bäumen und Blumen redeten ... waren sie nicht frei, weit weg vom Serail und vom Militär? Wo war ihre Sprache geblieben? Hatte das Wasser, das die Kinder und die Alten verschlang, der Wind, der ein ganzes Volk hinwegfegte, auch ihre Worte ausgelöscht?

Das Grauen kann die Poesie verstummen lassen. Dein Mund verzerrt sich vor Entsetzen, dein Schrei erstickt, deine Zunge ist gelähmt. Die Wörter verlieren ihre Bedeutung. Übrig bleibt die Stille. Selbst die Vögel können ihrem Gesang entsagen.

Wie lässt sich also erklären, dass selbst die armenischen Dichter stumm blieben? Hatte das große Schweigen ihre Seele befallen?

Gomidas[16] zum Beispiel, dessen von Krämpfen geschüttelter Körper nach seiner Flucht in einem französischen Krankenhaus den Kampf aufgab, vermochte diese Verse zu schreiben:

16 Geistlicher, Dichter und Komponist, geboren 1869 in Kütahya. 1915 verhaftet, deportiert und gefoltert, floh er 1919 aus Istanbul. Er starb 1935 in Villejuif.

Um herzukommen, hab ich mein Haus und meinen Weinberg verlassen
Jedes Mal, wenn ich seufze, zerreißt meine Seele.

Und Vahan Térian[17] hat aus tiefstem Innern gefragt:
Bin ich der letzte Dichter?
Letzter Sänger meines Landes.
Ist es der Tod oder der Schlaf,
Der dich ergriffen hat, strahlendes Naïri?[18]*

Ich möchte daran glauben, dass Térian nicht der letzte Dichter unseres Landes war.

---

17 Armenischer Dichter, geboren 1885 in Gandza im heutigen Georgien, starb 1920 in Orenburg

18 Zwischen dem 13. und dem 10. Jahrhundert v. Chr. Name der armenischen Hochebene, in Literatur und Poesie häufig eine andere Bezeichnung für Armenien. So veröffentlichte Vahan Térian 1916 die Sammlung *Yerkir Naïri* (Naïri-Land), geschrieben während des Genozids, aus der diese Verse stammen.*

5. Die überhebliche Identität

Ich hatte Glück. Bei meinen Erkundigungen über die Vergangenheit meiner Großeltern fand ich nichts, was mich hätte beunruhigen können. Meine Familie war nicht an den Verbrechen beteiligt gewesen, die am Anfang des Jahrhunderts in Anatolien verübt wurden; kein schändliches Erbe trieb mir die Schamröte ins Gesicht. Was ich tragen musste, war allein die Tradition des Protests, in der ich aufgewachsen war – mit meiner Mutter, die mir geduldig erklärte, dass die Lüge sich als Wahrheit verkleidet, mit meinem Vater, der mir zeigte, dass diese fratzenhafte Wahrheit das ganze Land wie eine heimtückische Epidemie zerrüttete, mit meinen Großeltern, die mich vor den »Informationen« warnten, die uns geliefert wurden, mit Freunden, die ein Antrieb waren, mich unermüdlich selbst zu befragen.

Es war eine andere Identität, die man uns anlastete. Zu dieser Zeit galt auch das Wort »Kommunist« als Schimpfwort.

Der groteske alte Diktator geißelte täglich mit wutverzerrter Miene nicht nur die *Arrmeenieerrr*, sondern ebenso die *Kommuuniiissten*. Auch die Letzteren wurden damals ermordet. Tausende Aktivisten wurden gefoltert oder ins Exil getrieben. Von all diesen Verfolgungen bedroht, fiel es uns schwer zu erkennen, wie vorteilhaft es war, kein Armenier zu sein.

Der Widerstand operierte in den Gefängnissen. Bestärkt von dem, was ich an den Besuchstagen erfuhr, gelang es mir, die Stimme zu erheben. Natürlich war das nicht leicht. Die Gummiknüppel sausten auf meinen Kopf, ich kam in Polizeigewahrsam, aber ich war nicht allein. Es gab Tausende junge Leute wie mich. Freunde, die ich nach den Seminarsitzungen in den Cafés traf, um die letzten Neuigkeiten mit ihnen zu teilen oder Gedichte zu lesen, eine Zigarette in der Hand. Im Gefühl, einer großen Widerstandsbewegung anzugehören, wurde alles leichter. Mein Herz brannte vor Tatendrang. Die Vorsicht und Besonnenheit, die mich an meinen armenischen Mitschülerinnen so frappiert hatten, besaß ich nicht.

In der düstersten Periode nach dem 12. September redete ich, wie mir der Schnabel gewachsen war, ich drängte die anderen Schüler, auf Demonstrationen zu gehen, ich wollte dem Faschismus ein Hindernis sein, wie klein es auch war. Auch ich ließ die Muskeln spielen ... Wenn mein Auftreten stolz war, dann hatte ich das zweifellos zu einem gewissen Teil dem Umstand zu verdanken, keine Armenierin zu sein.

Ich begann zu verstehen, dass Armenier in der Türkei zu sein bedeutete, zum Schweigen verurteilt zu sein, sich unsichtbar machen zu müssen, um geduldet zu werden, selbst wenn diese Duldung keine Garantie war.

Für den Staatsapparat der türkischen Nation, die unter anderem auf den Trümmern des Völkermords gründete, war die armenische Frage weder eine Sache der erinnernden Bewältigung noch der Vergebung. Neben Verleugnung steckte dahinter auch eine politische und ökonomische Motivation. Im Gründungsmythos der Republik hatten die Armenier die Rolle des Feindes. Die Entkommenen sollten sich wie Kakerlaken in Löchern verstecken. Damit sollten sie ihre Loyalität beweisen.

Armenier in der Türkei zu sein hieß, Straßen entlangzulaufen, die nach den Verbrechern benannt worden waren, die beim Genozid das Kommando hatten. Es hieß, bei einem Wohnungswechsel den Namen dessen auszusprechen, der den eigenen Großvater oder die eigene Großmutter ermordet hatte. Es hieß, sich zu versagen, auf der Straße laut zu sprechen. Das Ohr gegen Beleidigungen zu verschließen. Sich zu verstecken, um zu existieren.

Ich war keine Armenierin. Ich konnte mir nicht vorstellen, was es bedeutet, aus dem Gedächtnis getilgt zu werden, geschweige denn ganz unterzugehen. Obwohl sich meine ethnische Herkunft ganz und gar in der dunklen Vergangenheit Istanbuls verlor, fühlte ich mich der dominanten türkischen Identität zugehörig.

Die Mutter meines Großvaters stammte aus einer griechischen Familie, die zum Islam übergetreten war. Aber das hatte keine Auswirkungen. Was sollte unnormal daran sein, wenn sich die Ursprünge einer Familie aus Istanbul oder der Ägäis mit denen der Griechen verbanden?

Und was ist erst mit meiner Urgroßmutter, die zum Volk der Ubychen gehörte? Auf der Flucht vor den Vernichtungsaktionen im Kaukasus flohen die muslimischen Tscherkessenstämme ins Osmanische Reich. Meine Vorfahren ließen sich im 19. Jahrhundert in Istanbul nieder.

Die Ubychen kümmern niemanden mehr, nicht einmal im Kaukasus, denn es gibt sie nicht mehr. Vom Winde verweht, vom Wasser verschlungen. Ihre Sprache wird nirgendwo auf der Welt mehr gesprochen. Zwanzig Jahre ist es her, dass uns der letzte Sprecher des Ubychischen verließ.

Es ist niemand mehr da, der Gerechtigkeit oder Wiedergutmachung fordert. In unseren Schulbüchern stand kein Wort über sie. Allerdings betrachtete man sie, da sie Muslime waren, als Bestandteil der Nation, dieser Nation, die auf der Vernichtung der Christen und der Aufnahme der kaukasischen und balkanischen Muslime beruhte. Der Islam war ein tragendes Element des Nationalstaates und des gesellschaftlichen Zusammenhalts geworden. Atatürk hielt es nicht für nötig, das zu verbergen: »Die Nation, die wir zu verteidigen suchen, besteht aus verschiedenen muslimischen Gemeinschaften.«*

In geringerem Maß gilt also auch ihnen das berühmte »Glücklich, wer sich Türke nennt!«

In meiner Familie verbot die Zugehörigkeit zur Linken jede auch noch so kleine Anspielung auf die ethnische Herkunft. Die Weigerung, andere wegen ihrer Herkunft zu stigmatisieren, und der Internationalismus können jedoch dazu führen, dass man gegenüber der ethnischen Hierarchisierung im eigenen Land unempfindlich wird. Niemals sprachen wir von den Gegenden, aus denen unsere Großeltern gekommen waren, oder den ethnischen Verbindungen, die sie schufen. Istanbuler zu sein hieß ohnehin, ein bisschen Balkan, ein bisschen Kaukasus und ein bisschen Anatolien in sich zu tragen. Auch als linke Istanbuler Familie hatten wir die herrschende türkische Identität angenommen.

Und wirklich, die tausend Varianten von Slogans erinnern dich jeden Tag daran, dass du an deinem Ort der Herrscher bist. Ein sichernder Panzer umschließt deine Seele. Die Rüstung des Hausherrn. Ich kann nicht leugnen, dass ich diese Rüstung trug.

6. Was Istanbul erzählt

Ich bin eine Tochter Istanbuls. Seit meiner Kindheit durchstreife ich seine Straßen. Zuerst erforschte ich alle Winkel meines Viertels. Dank der Entfernung zwischen unserem Haus und der Schule dehnten sich meine Eskapaden während meiner Jahre an der Mittelschule und am Gymnasium aus. Ich lernte die dunklen Straßen und die einsamen Orte kennen, wo die Ausgeschlossenen dicht zusammenleben. »Wer den Augen der Schlange standgehalten hat, fügt sich nicht mehr«, sagt der Weise. Auch ich füge mich nicht mehr, denn ich habe meiner Stadt direkt in die Augen geschaut. Ich fand heraus, was sie bewahrte und was sie zurückwies. Ich machte mich vertraut mit neuen Liedern, unbekannten Gesichtern, fremden Sprachen.

Manche Städte enthüllen sich ihren Besuchern. Sie prahlen mit ihrer Vergangenheit und tragen ihre Geschichte wie Glöckchen an den Rockfalten, wie Federn am Hut. Im Schatten der Triumphbögen sieht man auch die Leiden hervorsickern. Jeder Stein, jedes Gebäude spricht, sogar zu denen, die nicht lesen können. Traurig, melancholisch oder eifrig erzählen sie ihren Gästen, was sie erlebt haben. Sie senken die Stimme, wenn sie ihre Sünden gestehen, wie man von heimlichen Verletzungen spricht, und manchmal hat dieses Geflüster die Kraft von Hymnen.

Istanbul aber ist diskret. Seit dem Tag, als ich begann, ernsthaft mit Madame Talin zu sprechen, wurde mir bewusst, dass meine Stadt ihre Stimme verloren hatte. Doch ihre Narben sprachen für sie, ebenso wie ihr Gesicht, das sich ununterbrochen wandelte, und die schillernden Reflexe in der Iris ihrer Augen. Ihre stets verwirrende Schönheit. Ihr von Narben gezeichneter Bauch, ihre zerkratzten Finger, ihre Haare im Wind. In den Jahren am Gymnasium begann ich, die fremdartige Stimme meiner Stadt in den Straßen, in denen ich übernachtete, angstvoll wahrzunehmen. Ihre heisere, ihre brüchige Stimme ...

Ich nahm das Schiff nach Kumkapı. Lange suchte ich nach dem Haus, in dem Madame Talin aufgewachsen war. Ihr hübsches Café. Auf welche Schule ging sie als Kind? Wo aßen sie gegrillten Fisch?

Ich versuchte mir vorzustellen, wie die Istanbuler Armenier die Zeit des Genozids überleben konnten. Ja, genau das. Diejenigen, die dem Schwert entrinnen konnten, hatten sich in den hintersten Winkeln Istanbuls versteckt. Meine Stadt war der Unterschlupf für die »Überreste des Schwertes« gewesen ...

Ein ausgesuchtes Schlupfloch. Ausgesucht vom 9. Präsidium der Republik. Das Ziel, das der Bericht formuliert, war unmissverständlich: »Anatolien muss von Armeniern gesäubert werden. Es besteht die Möglichkeit, sie nach Istanbul umzusiedeln. Auf diese Weise bleibt ihr demografisches Wachstum unter Kontrolle.«*

Kontrolle etwa durch die Vermögenssteuer. Personen, die sie nicht entrichten konnten, wurden ins Arbeitslager von Aşkale im Nordosten der Türkei deportiert. Einige mussten noch weiter fort ... zu weit, um zurückzukehren.

Nebelschwaden bedeckten die Spuren meiner Stadt. Die griechischen und armenischen Namen ihrer Straßen und Ladenschilder waren verschwunden. Auch die 60.000 Armenier,* die in Istanbul übrig geblieben waren, nachdem sie ihre Habe verloren hatten, waren unsichtbar. Das Minderheitenstatut war der einzige Rettungsanker für das soziale und kulturelle Überleben ihrer Gemeinschaft. In der riesigen Masse dieser Stadt mit ihren fünfzehn Millionen Einwohnern war der Schatten der gregorianischen Kirche[19] in den Augen des Staates nichts anderes als ein Loch von Kakerlaken. Dorthin hatten sich die Armenier geflüchtet, um »am Leben zu bleiben«.

Die Stadt, von ihren alten Einwohnern verlassen, war voller unterirdischer Grotten. Auf den Überresten ihrer Vergangenheit wuchsen schnell verblühende Blumen. Widerstand und Unterdrückung hatten dramatische Folgen.

In ihren Straßen habe ich nach Spuren der Dramen gesucht, die sich dort abspielten. Ich lauschte ihr und spürte ihre Erschöpfung, das Gewicht des Geheimnisses auf einer verbotenen Erinnerung.

Was wird aus einem unter diesem Gewicht?

Im Lauf der Jahre, mit der Kraft der Liebe zu ihr, habe ich verstanden, dass meine Stadt Istanbul nicht imstande war, alles zu verbergen. Ich vernahm Schluchzer unter ihrem Gelächter. Ich entdeckte weitere Narben unter ihrer Schminke, Risse und Flecken auf ihren schönen Kleidern.

Begleitet von unhörbarem Flüstern streifte ich, verirrte Tochter in einer verlorenen Stadt, lange auf den Spuren der abwesenden Gerechtigkeit umher.

---

19 Andere Bezeichnung für die armenisch-apostolische Kirche nach Gregor, dem Schutzpatron des armenischen Volkes (A. d. Ü.).

7. Das könnte dir schaden

Aber so abzuirren war verboten. Wer in der Türkei nach der Gerechtigkeit suchte, musste entweder ins Exil oder ins Gefängnis gehen – oder sterben.

Ich wollte nicht fliehen. Weit gekommen bin ich ohnehin nicht. Ich wurde verhaftet.[20]

September 1998. Zwei Monate verbringe ich schon im Gefängnis.

Durch die Elektroschocks, die mir verabreicht werden, fallen mir die Haare aus. Meine Arme und Finger sind durch die mehrmalige Estrapade[21] so zugerichtet, dass ich sie nicht mehr bewegen kann. Am ganzen Körper spüre ich die Folgen der Folter wie unter die Haut getriebene Stacheln. Ich sterbe vor Hitze, ich erfriere. Nicht einmal Weinen lindert die Schmerzen.

Ich bin nicht allein. Ich bin umgeben von Hunderten Frauen, die anderen Foltern unterzogen werden. Nachts wecken uns die Schreie der Mädchen auf, die von den Polizisten vergewaltigt

---

20 Im Rahmen ihrer Recherchen zur Kurdenfrage organisierte Pınar Selek Ende der 1990er Jahre sechzig Gespräche in Kurdistan, Frankreich und Deutschland. Sie wurde am 11. Juli 1998 von der Istanbuler Polizei verhaftet, der Verbindung zur PKK angeklagt und gefoltert, um die Namen ihrer Kontaktpersonen zu verraten. Sie widerstand und erfuhr im Gefängnis, dass sie eines Attentats beschuldigt wurde, das niemals stattgefunden hatte. Trotz viermaligen Freispruchs (der letzte am 19. Dezember 2014, A. d. Ü.) dauert die hartnäckige Verfolgung der politischen Justiz an. Seit 2009 ist Pınar Selek gezwungen, im Exil zu leben.

21 Die Estrapade oder Wippschaukel ist eine Foltermethode, bei der das Opfer an seinen hinter dem Rücken an den Handgelenken zusammengebundenen Armen hochgezogen wird (A. d. Ü.)

werden. Mit unseren verrenkten Armen, unseren tauben Fingern streicheln wir ihre Haare, trocknen wir ihre Tränen.

Wir versuchen, einander die Hände zu reichen, einander die Wunden zu verbinden und die Asche wegzublasen, die unsere Herzen erstickt. Immer wieder singen wir: »Die Menschenwürde wird die Folter besiegen.« »Die Mauern einreißen« ist im Gefängnis ein anderer Ausdruck für Widerstand. Wir bieten all unsere Vorstellungs- und Willenskraft auf, um wieder ans Licht zu gelangen. Und wir schaffen es. Trotz der entsetzlichen Bedingungen hören wir die Meeresbrandung und zwitschern, Gedichte rezitierend, mit den Vögeln.

Briefe erreichen uns. Freunde, unzählige Unbekannte bezeugen uns ihre Solidarität. Keinen dieser Briefe konnte ich aufbewahren ... Sie sind im Dezember 2000 zu Asche zerfallen, als die Polizei unser Gefängnis stürmte.[22]

Ich kann nicht in ein paar Worten wiedergeben, was die Operation »Zurück ins Leben« bedeutete, so schwer ist diese Geschichte zu tragen. Sie tötete Hunderte politische Gefangene mit Gas, Feuer und Kugeln. Das Leben besteht aus vielfältigen ineinander verschlungenen Geschichten, die untrennbar verbunden und dennoch unvergleichlich sind. Jede verdient ein waches Gehör, eine besondere Aufmerksamkeit. Auch die Grausamkeit dieses »Zurück ins Leben« ist unvergleichlich. Vielleicht werde ich eines Tages genug Kraft aufbringen, darüber zu schreiben. Das Einzige, was ich hier sagen kann, ist, dass ich weder mein

22 Kollektive Hungerstreiks sind ein gängiges Mittel der türkischen revolutionären Linken. Einer dieser Aktionen des »Todesfastens«, die in zwanzig Gefängnissen des Landes Nachfolger fand, um gegen die Einrichtung von Isolationszellen zu protestieren, machte die Polizei im Jahr 2000 ein brutales Ende. Die Polizeioperation wurde unter der zynischen Bezeichnung »Zurück ins Leben« durchgeführt.

Tagebuch und die Nachrichten, Artikel und Gedichte, die ich schrieb, noch die Briefe, die ich bekam, aus dem Gefängnis retten konnte. Alles ist verbrannt ...

Doch jede Zeile dieser wärmenden Briefe ist mir im Gedächtnis geblieben. Ich habe sie mit in mein jetziges Leben hineingenommen. So wie den bitteren Brandgeruch, von dem ich mich nie werde befreien können.

September 1998. Zwei Jahre vor dieser schwarzen Nacht. Zwei Monate, in denen ich nur dank der Massagen meiner Zellengenossinnen fähig war, meine Unterarme und meine Hände zu bewegen und die Post, die ich bekam, selbst zu öffnen.

Also öffnete ich ganz allein den Brief von Nişan Amca.[23] Ich saß im Schneidersitz auf der oberen Liege des Stockbetts, und eine wohlige Wärme erfüllte meine Brust.

Dieser Brief war anders, geheimnisvoll. Unterzeichnet mit »Ein guter alter Freund«, sprach er vom Leben und Leiden Jesu. Auf die eigene Identität ließ der Verfasser kein Licht fallen. Sein Licht war das von Jesus, an den er mit ganzem Herzen glaubte. Ein Feuer, durch das sich Leid in Widerstand verwandelt. Ein Feuer, mit dem dieser alte Freund einer ihm unbekannten gefangenen Frau Wärme spenden wollte.

Drei Tage später bekam ich wieder einen Brief. Dann einen dritten. Während meiner gesamten, zweieinhalb Jahre dauernden Gefangenschaft bekam ich jede Woche zwei Briefe von diesem Menschen. Ich entzifferte den Poststempel auf dem Umschlag und sagte mir: »Er lebt in Istanbul!«. Alle Briefe erzählten vom Leben Jesu, von den Leiden, die er ertragen, und dem Licht, das er verbreitet hatte. Diese seltsame Geschichte, tausendmal neu

23 Wörtlich: Onkel Nişan.

erzählt, immer mit derselben Botschaft ... Ich habe diese Briefe getrunken, wie man einen edlen Wein kostet. Ihr Geschmack ist immer noch auf meinen Lippen.

Nach sechs Monaten begann ich, den Nektar, von dem ich abhängig geworden war, mit meinen Genossinnen zu teilen. Wenn einmal einer dieser Briefe, die mir Geduld, Mut, Liebe und Beistand gaben, einen Tag später als erwartet ankam, ging ich die zehn Schritte von der Tür zu unserem kleinen Fenster, schaute prüfend an den Himmel und betete, mein alter Freund möge nicht krank geworden sein.

Er hielt aus, bis ich frei war.

Zehn Tage nach dem Angriff auf das Gefängnis, bei dem die Briefe verbrannten, wurde ich entlassen. Und ein paar Wochen später fand er mich. Es war einer dieser Tage, an denen ich wie eine Verdurstende, die eben der Wüste entkommen ist, kreuz und quer durch die Stadt lief.

– Du hast keine Adresse mehr, um Briefe zu empfangen, sagte er.

Er war fast achtzig Jahre alt. Weiße Haare, heisere Stimme, gebogene Augenbrauen, lachende Augen ... Er lebte in der Kirche Zu den drei Altären[24] in Galatasaray. Mein Nişan Amca, Wächter und Mesner der Kirche und Gastgeber all ihrer Besucher.

Wir sahen uns wieder, er lud mich zu sich an den Tisch. So stahlen wir ein- oder zweimal in der Woche ein paar Stunden des Glücks im Hof der Kirche, ein Glas Wein in der Hand.

Am Anfang redete vor allem ich. Mein alter Freund fragte mich aus, ich erzählte. Vom Gefängnis, von der Folter, davon, wie ich

---

24 *Üç Horan Ermeni Kilisesi Vakfi*, die Armenische Kirche Zu den drei Altären (A. d. Ü.).

seit meiner Entlassung die Außenwelt erlebt hatte ... und noch vieles mehr.

Dann war er an der Reihe. Er berichtete von seiner ungeheuren Einsamkeit. Wie lässt sich erzählen, dass man allein auf der Welt ist? Manchmal, indem man zusammen schweigt. Manchmal, indem man zusammen in die Vergangenheit taucht, in die Erzählungen vom Tod, minutenlang von Trauer überschwemmt.

Nişan Amca war der jüngste Sohn einer armenischen Familie. Der Rest der Familie war über die Welt verstreut. Lange sprach er von den Briefen, die er in ferne Länder geschickt hatte, von falschen Adressen, Rücksendungen an den Absender. »Vielleicht wird keiner von uns übrig bleiben«, sagte er immer wieder.

Ihm waren nur ein paar kranke Freunde geblieben, denen er dreimal die Woche etwas zu essen brachte und die ich nie gesehen habe. Von seinen türkischen Nachbarn aus Beyoğlu hörte er nicht mehr als ein kurzes Guten Tag oder ein paar Banalitäten zum Wetter. Ein freundliches Lächeln, das man ihm gab, war für ihn das schönste Geschenk des Tages.

Nişan Amca hatte sich daran gewöhnt, in der Kirche zu leben. Er hatte sich mit den Bedingungen des »Zusammenlebens« in der Türkei abgefunden.

Mit der Zeit dehnten sich die stummen Minuten zu Stunden. Ich kann die Geheimnisse, die wir teilten, nicht lüften. Ich kann nur sagen, dass ich Scham empfand, wenn ich ihn anhörte. Scham, nicht mit vollem Bewusstsein erkannt zu haben, was ganz in meiner Nähe geschah. »Armenische Freunde haben«, die Geschichte des Völkermords kennen und sie sogar anprangern, all das führt nicht unbedingt zu einer wirklichen Bewusstwerdung. Wenn man die Geschichte, in der man lebt, und den verzweifelten Kampf der eigenen Nachbarn ignoriert, wird man oberflächlich. Diese Gleichgültigkeit öffnet die Tür zur Brutalität weit. Schlimmer noch, sie wird zur Brutalität. Genau wie damals am Gymnasium, als ich meine Mitschülerinnen als Feiglinge abstempelte.

Eben darum drehten sich unsere Gespräche im Schutz der Mauern.

Der Zufall wollte, dass die feministische Vereinigung *Amargi*, in die ich nach meiner Befreiung eintrat, mitten in Beyoğlu einen Raum mietete, direkt gegenüber der Kirche Zu den drei Altären.

Den ersten Nachbarschaftsbesuch stattete uns Nişan Amca ab, die Arme voller Geschenke: Getränke und Speisen, die der Kirche gespendet worden waren. Und als er junge armenische Frauen unter uns entdeckte, umarmte er sie mit einem bangen Lächeln. Diese Unruhe ist mir seltsamerweise nicht entgangen. Noch seltsamer aber ist, dass ich mir nicht die Zeit nahm, darüber nachzudenken und eine Verbindung zwischen all den in mein Gedächtnis gegrabenen Bildern zu ziehen. Offenbar hatte ich keine Zeit dafür ...

Die Monate vergingen wie verrinnendes Wasser. Ich war nun seit fast einem Jahr frei. Frei und verloren.

An einem milden Morgen begegneten wir uns am Taksim-Platz. Wir waren in derselben Richtung unterwegs.

– Hast du Zeit, einen Kaffee mit mir zu trinken, meine Tochter?

Ich legte meinen Kopf an seine Schulter, und wir gingen Arm in Arm weiter. Kurz darauf blieb er mit einem Mal stehen. Er zitterte, schlug die Augen nieder und murmelte:

– Vielleicht machen wir einen Fehler. Es ist nicht gut für dich, wenn man uns zusammen sieht. Es könnte dir schaden ...

Wir erstarrten. Ratlos, verständnislos sah ich ihn an, diesen zarten Mann mit dem arglosen Blick.

Damals war in den Zeitungen viel von mir die Rede, von den laufenden Prozessen, aber auch von meinem Engagement für

Frieden und Freiheit. Wenn ich die Kirche betrat, kam es vor, dass er sagte: »Ich habe dein Foto in der Zeitung gesehen.«

»Das könnte dir schaden«, hast du gesagt. Wie könntest du mir schaden, du, allein auf der Welt, arm, alt und krank?

– Ich bin Armenier, das ist es ..., fuhr er fort. Was er dann erstickt hervorstieß, grub sich in mein Gedächtnis.

– Und wenn man erzählt, dass ich die heimliche Kraft hinter dir bin? Dass ich es bin, der dich manipuliert? Es darf nicht sein, dass du wegen mir Unannehmlichkeiten bekommst.

Als er die Verzweiflung in meinen Augen sah, nahm er mich beim Ellenbogen und führte mich in das nächste Café.

– Lass gut sein ... Es ist ja gleich, ob du zu mir in die Kirche kommst oder ob wir zusammen durch die Straßen spazieren. Sie wissen alles. Sie überwachen alles. Soll kommen, was will.

Unser ungesüßter Kaffee schmeckte sehr bitter. Ich erinnere mich an seine aufeinandergepressten Lippen und den besorgten, aber offenen Blick unter seinen zusammengezogenen Brauen.

Dieser Blick folgte mir auch noch, als ich kurze Zeit später den Weg von der Kirche Zu den drei Altären zum Friedhof entlangging. Als ich vor seinem Sarg weinte.

Ein Satz klang in mir nach: »Ich bin Armenier, das ist es ...«

8. Der Raki von Agop

2002. Zwei Jahre sind vergangen, seit ich aus dem Gefängnis kam. Nişan Amca hat uns verlassen. Ich aber, ich bin immer noch da. Und immer, ob in Istanbul oder auf den Wegen durch die Türkei, habe ich das Gefühl, mich zu verirren auf der Suche nach einer Gerechtigkeit, die es nicht gibt.

Dieses Mal war ich zu einer Konferenz in Antakya eingeladen, dem alten Antiochia. Eine Menge Leute waren da: aktive Linke, Feministinnen, Kurden, Aleviten,[25] Araber, Gewerkschafter, Studenten ...

Nach der Konferenz stiegen wir zu den Dörfern des Moïse-Berges[26] hinauf. Ich hatte gerade *Die vierzig Tage des Musa Dagh* von Franz Werfel[27] gelesen und befand mich innerlich immer noch in der Zeit des Ersten Weltkriegs, beim Widerstand der verstreuten armenischen Dörfer am Fuß dieser dunstigen, sich in Richtung Syrien hinziehenden Hügel. Aber alles hatte sich verändert, die Erinnerung an sie war gelöscht.

Wie löscht man ein Dorf aus? Man ändert seinen Namen, dann wirft man nach und nach die »Überreste« weg ...

---

25 Der Alevismus ist im Gegensatz zur orthodoxen Sunna eine liberale Glaubensrichtung des Islam. Die Aleviten bilden schätzungsweise 20 - 25 % der türkischen Bevölkerung, die zurzeit 85 Millionen Einwohner zählt. Heute sind ihre Organisationen stark im politischen Leben verankert und kämpfen mit aktivem Protest für ihre Anerkennung.

26 Das Amanos-Gebirge im Südosten der Türkei, damals ein Schauplatz des armenischen Widerstands.

27 Der 1933 erschienene Roman schildert den Widerstand von ungefähr 5000 Armeniern, die zu Beginn des Völkermords ins Moïse-Massiv geflüchtet waren.

Wenn man ein solches Dorf betritt, findet man verwahrloste Kirchen, scheußliche, auf Abbruchtrümmern errichtete Häuser und Einwohner, denen man sofort anmerkt, dass sie nicht von hier sind. Leute, die vor fünfzig oder sechzig Jahren aus allen Ecken des Landes in diese von ihren ursprünglichen Bewohnern »gesäuberten« Dörfer gebracht wurden.

Zur Zeit der Folgeabkommen des Ersten Weltkriegs befand sich diese Gegend auf der syrischen Seite der Grenze unter französischem Mandat.[28] Die Überlebenden des Genozids hätten nach Hause zurückkehren und sich wieder in ihren Dörfern niederlassen können, die das Gebirge umfassen wie die Perlen eines Colliers. Sie hätten sie wieder besiedeln und beleben können. Doch als Frankreich am 23. Juni desselben Jahres der Türkei den Sancak[29] Alexandrette zusprach, machten sich die Armenier wieder auf den Weg ins Exil. Ebenso wie Zehntausende von Assyrern und Maroniten verließen sie überstürzt den Moïse-Berg. Sie hatten noch nicht einmal die Früchte ihrer Olivenhaine und Weinberge ernten können, da fanden sie sich erneut auf der Straße. Wieder einmal.

Eine winzige Zahl Tollkühner sammelte sich in einem der sieben armenischen Bergdörfer. Nachdem der Staat die Vergangenheit der zerstörten Dörfer »türkifiziert« hatte, erkannte er es offiziell als einziges »armenisches Dorf« der Gegend an, nicht ohne ihm den türkischen Namen Vakıflı zu verpassen. Mehr noch, er machte Werbung mit ihm. Mit seinen köstlichen

28 Im Sykes-Picot-Abkommen vom 16. Mai 1916 wurde zwischen Frankreich und Großbritannien die Aufteilung des Nahen Ostens in Einflusszonen vereinbart. Der am 10. August 1920 zwischen den Alliierten und dem Osmanischen Reich geschlossene Vertrag von Sèvres regelte die Teilung des Gebiets zugunsten der Alliierten.

29 Bezeichnung für die Territorialbezirke des Osmanischen Reiches.

Früchten und feinen Konfitüren wurde Vakıflı zum Ausstellungsstück des Landes, ein veritabler Zirkus, den Neugierige besuchten, die erpicht darauf waren, echte Armenierexemplare zu besichtigen.

Trotz alledem wollte ich dorthin, und auf mein Drängen führte der Ausflug, der die Konferenz abschloss, durch Vakıflı.

Viele von uns gingen mit. Im Dorf angekommen, hörten wir zu meinem Erstaunen nur ein ziemlich kalt hingeworfenes »Guten Tag«. Noch überraschender war die Gleichgültigkeit der führenden Oppositionellen von Antakya gegenüber den Männern und Frauen, die so nah bei ihnen im allerletzten armenischen Dorf lebten.

– Das sind misstrauische Leute, sie haben es nicht gern mit anderen zu tun, sagte einer unserer Führer.

»Misstrauische Leute ...« – mir war, als spräche die Gymnasiastin Pınar. Ich entfernte mich von der Gruppe.

Agop näherte sich mir vielleicht nur deshalb, weil ich abseits stand.

– Willkommen in Antakya. Möchtest du heute Abend in unserem Dorf bleiben? Wir würden uns freuen, dich bei uns zu begrüßen, meine Frau und ich.

Wie ich später erfuhr, war er Apotheker. Vor fünf Jahren hatte er Istanbul verlassen, um in das Haus seiner Großeltern zu ziehen.

– Ich kenne deinen Vater gut, ich habe ihm immer hausgemachten Raki geschickt.

Aber ich konnte nicht dableiben, denn die Organisatoren der Konferenz hatten zum Abendessen eingeladen. Also schloss er sich uns an, widerwillig vermutlich.

Ein belebtes Restaurant an der Küste. Es ist heiß, aber ein angenehmer Wind weht, und man sieht das Meer. Alle Oppositionellen der Stadt sind hier versammelt; Gedichte, Lieder, Neuigkeiten schwirren herum. Für alle, die nur selten die in Tränengas gehüllten Straßen verlassen, bedeuten solche Versammlungen Lungen voller Sauerstoff. Freundschaftliches Wispern, spontane Vertrauensbezeugungen, liebevolle Blicke werden getauscht. Ein Glück, dass es in diesem Land noch Andersdenkende gibt, so empfindet jeder im tiefsten Innern.

Agop drängt sich durch den fröhlichen Saal, um zu mir zu gelangen. Es gibt keinen freien Platz an meinem Tisch, und so setzt er sich an den Nebentisch, besetzt mit Gewerkschaftern und Bonzen der Protestbewegung. Ich weiß nicht, ob sie einander kennen oder nicht. Was erwartet man nach einem frostigen Gruß? Kurz darauf erhebt er sich, gerade als ich mich ihm zuwende, und wir stoßen fast zusammen.

– Gehst du?

In seinem Blick erkenne ich Überdruss, ja fast Abscheu.

– Ich kann hier nicht bleiben. Komm ins Dorf, wann du möchtest, wir erwarten dich, sagt er und reicht mir einen großen Beutel, bevor er sich entfernt.

Den Beutel in der Hand, trete ich an den Tisch, von dem er aufgestanden ist.

– Man kann es ihm nicht übel nehmen, Pınar Hanım. Er ist ein eingefleischter Nationalist. Unmöglich, mit ihm zu diskutieren.

Der alte Professor, der mich angesprochen hat, deutet auf einen jungen Mann von studentischem Aussehen.

– Unser Freund hier ist noch jung, er kennt sich mit dem Thema noch nicht aus ... Er hat Agop gefragt, ob die Armenier eine Nation bilden. Ich habe versucht, Antwort zu geben und zu erklären, warum das unmöglich ist. Sie sprechen ja nicht mal ihre eigene Sprache. Die aus Paris reden französisch, die Istanbuler türkisch, die aus Diyarbakır kurdisch. Die Kurden haben es verstanden, ihre Sprache zu bewahren, und sie leben zusammen auf demselben Gebiet ...

Ich kann es nicht länger ertragen. Ich wende mich ab, während er seine letzten Sätze hinwirft: »Er wollte nicht einmal mit uns diskutieren! Der Nationalismus ist der größte Feind der Wissenschaft. Sie sind Soziologin, Sie wissen das sehr wohl!«

Ich traue meinen Ohren nicht. Ich habe vergessen, was ich ihm entgegnete. »Das reicht! Das ist Ihrer unwürdig!« »Der wahre Nationalist sind Sie, Dummkopf!« »Sie haben ein Land, eine Literatur, eine Kunst!« Was antwortet man nur in solchen Fällen?

Die ausgelassenen Gesänge, das vertraute Geplapper schienen mit einem Mal verstummt. Ein rostiger Pfahl senkte sich in unsere Seelen, und die leuchtende Nacht verdüsterte sich. Ich schämte mich, einer solchen Szene beigewohnt zu haben.

Als ich Agop und seine Frau einen Monat danach besuchte, erwähnten wir den Vorfall nicht. Wir wollten nicht zu Geiseln der abscheulichen Realität werden, deren Zeugen wir geworden waren.

9. Mit der Linken, trotz der Linken

Die Reise nach Antakya war ein Wendepunkt. Sie lehrte mich, dass meine Position nur ein kleines Mosaiksteinchen im riesigen Tableau der türkischen Oppositionsbewegung war. Einige Sätze ließen mir, wie ein Fliegenschwarm, keine Ruhe.

Das sind misstrauische Leute, sie geben sich nicht gern mit anderen ab. Sie sprechen nicht einmal ihre eigene Sprache. Der Nationalismus ist der größte Feind der Wissenschaft!

Diese Hirngespinste waren der getreue Spiegel einer tristen Realität: In der Türkei hatten sich sogar die linken Bewegungen an die Verleugnung des Völkermords gewöhnt. Obwohl sie unterschiedliche Richtungen, unterschiedliche Organisations- und Aktionsformen repräsentierten, war ihnen die Erinnerung an die ethnischen Säuberungen abhandengekommen, die ihre nicht islamischen Gründer noch besaßen; sie waren türkifiziert. Trotzdem hatten die Armenier sich ihnen angeschlossen. Von 1960 bis 1980 erschienen etliche von ihnen als Statisten in den Rängen der wichtigsten sozialen Bewegungen innerhalb der Türkei. »Statisten« ist der passende Ausdruck, denn die armenischen Aktivisten blieben im Hintergrund. Ich las, ich befragte die Leute ... Alle erzählten dieselbe Geschichte: »Sie waren unsichtbar.«

Aber warum?

Dass der Diktator, die Militärs, die Bürokraten, die Reaktionäre, die Marionettenlehrer alles getan hatten, um sie auszuschließen, das verstand ich, aber warum hatten die Oppositionellen in ihrem dauernden Kampf für Frieden, Demokratie und Gerechtigkeit, viele von ihnen selbst verhaftet und gefoltert, die Unsichtbarkeit der Armenier akzeptiert?

Sicher, das Bild vom »wilden Armenier«, das in den Jahren der Militärjunta verbreitet war, hatte eine lange Geschichte. Nicht erst die Putschisten hatten den Armenierhass geweckt. Schon in den Zeitungen der Rechten aus den 1970er Jahren fand ich beredte Schlagzeilen: *Die Armenier wollen die Republik mithilfe der linken Bewegung zerstören.*

In einem solchen Kontext ist es für einen Armenier nicht leicht, sich zu engagieren. Genau das hatte Nişan Amca in den 2000er Jahren veranlasst zu sagen: »Es ist nicht gut für dich, wenn wir zusammen gesehen werden. Es könnte dir schaden ...« Die gleichen Ängste empfanden die Armenier, die sich in den 70er Jahren den revolutionären Reihen anschlossen. Um ihren Familien und der armenischen Gemeinschaft Unannehmlichkeiten zu ersparen, aber auch, um die linke Bewegung vor dem »armenischen Stigma« zu schützen, änderten sie häufig ihren Namen.

*[...] Schließlich entschieden wir uns für einen anderen Namen. Im Jahr 1972 wurde ich per Gerichtsbeschluss Fırat, aus Armenak wurde Orhan, aus Istepan Murat. [...] Dabei ging es nicht darum, unsere Identität zu leugnen, sondern darum, uns zu schützen.**

Diese Aussage betont den »Schutz«, doch im Kern spricht sie von nichts anderem als von der Verinnerlichung der Geschichtsverleugnung. Von dem Eingeständnis, dass es unmöglich ist, unter dem eigenen Namen Politik zu machen, und der Lehre, dass der Freiheitskampf nur unter fremdem Namen geführt werden kann ... Für diese dramatische Erfahrung war nicht nur der Staat verantwortlich. Keine der linken Organisationen, denen die Armenier nicht schaden wollten, forderte »Gerechtigkeit für die

Armenier«. Alles, was man mir dazu sagte, war vage und ausweichend.

»Nach der Revolution wird man sehen ...«

»Damals lag der Grundwiderspruch woanders ...«

»Die armenische Frage wird von den Imperialisten angeheizt. Da muss man sich vorsehen. Es ist eine heikle Sache ...«

»Eine Spaltung des Proletariats in Armenier, Kurden und Türken lassen wir nicht zu.«

Bravo!

So sprachen die Helden meiner Schulzeit, die ich um mein Leben gern bei meinen Gefängnisbesuchen kennenlernen wollte ... Glücklicherweise kam ich an der Universität mit dem Feminismus in Kontakt, der diesen Mythos auflöste. Aus diesem Blickwinkel konnte ich deutlich erkennen, dass man nicht automatisch die Freiheit verteidigt, wenn man sich gegen die Ungerechtigkeit auflehnt und der Macht entgegenstellt. Zwar öffnet sich dadurch eine Tür, aber die lange Reise zur Freiheit besteht darin, die Schwelle zu überschreiten, zu beobachten, zuzuhören und zu lernen, Zeuge zu werden ... eine Reise, die sich nicht darin erschöpft, gegen etwas zu sein.

In den Zeitschriften und Verlautbarungen jener Periode des revolutionären Kampfes, die ich las, stieß ich auf einen billigen Internationalismus, der die Geschichte beiseiteschob und sich um das Schicksal der Kurden wenig, um das der Armenier überhaupt nicht scherte. Es war ein Internationalismus ohne Geschichte, ohne Erzählungen, ohne Seele. Immer wieder, Mal um Mal, begegnete ich dieser Haltung ... Das »Zusammenleben« aber war unmöglich. Unmöglich, normal mit Agop zu diskutieren, seinen hausgemachten Raki zu trinken oder mit Nişan Amca ruhig durch die Straßen zu spazieren.

Wenn ich mit dem heutigen Wissen noch einmal in meine Klasse am Gymnasium Notre-Dame de Sion gehen könnte – was würde ich anders machen?

Vermutlich würde ich wieder die Hand heben. Ich würde per Anhalter fahren und Gedichte an die Schulwände kleben. Aber ich wäre mir bewusst, dass nicht alle so handeln können. Vielleicht wäre ich weniger anmaßend und überheblich.

Şirin Tekeli, eine Freundin und Mitbegründerin der feministischen Bewegung der Türkei, mit der ich über diese Fragen sprach, fragte mich kürzlich:

– Hast du denn jetzt wieder Kontakt zu diesen Mitschülerinnen aufgenommen?

– Ach, nein ... nein.

Was würde ich ihnen sagen? Möge dieses Zeugnis auch ein Schritt in ihre Nähe sein.

10. Die Hände

Kurz nach meiner Haftentlassung und der ersten Einladung von Nişan Amca in den Kirchgarten kam er, um mich zu treffen.

– Ich bin Hrant Dink. Ich möchte dich kennenlernen. Leute wie wir müssen einander die Hände reichen.

Er war stämmig, mit großen Händen, an die ich mich genau erinnere, und verschatteten Augen, selbst wenn er lachte. Zum ersten Mal sah ich einen Armenier von dieser Haltung. Ein Mann, der mit nichts hinter dem Berg hielt, kühn, leidenschaftlich und optimistisch.

Ich kannte den Namen des Gründers von *Agos*, der ersten zweisprachigen, auf Türkisch und Armenisch erscheinenden Zeitung des Landes. Ich las die Titel, mehr aber nicht. Ich beteiligte mich nicht an den Debatten, die sie entfachte, und folgte nicht den Wegen, die sie freilegte ...

Dank Hrant und unserem ersten gemeinsamen Abendessen wurde *Agos* unverzichtbar für mich. Bald reichte mir die Lektüre nicht mehr, häufig besuchte ich die Redaktion. Vor allem, um Hrant nach seiner Meinung zu fragen. Natürlich war dieser Ort etwas anderes als die Kirche, und Hrant redete nicht mit verhaltener Stimme. Jeder seiner Sätze nahm die Menschen gefangen.

Wie der alte Weise des Märchens stand er zu seinem Wort. Häufig sprach er davon, »dem anderen entgegenzugehen«, »sich in die anderen hineinzuversetzen«. Und genau das tat er auch mit mir. Unsere Begegnung eröffnete mir neue Perspektiven. In der

Transformation des türkischen Aktivismus war *Agos* Vorreiterin. Die Zeitung nahm sich heftige Kritik gegenüber dem Staat, aber auch gegenüber der Opposition heraus. Ohne jeden reaktionären Ton und fern jeder Opferhaltung ließ sie keinen Zweifel an ihrem Bekenntnis zur Gewaltlosigkeit. Und genau deshalb fand sie Gehör.

Ich konnte nicht begreifen, woher Hrant Dink diese Kraft zugewachsen war, die Kraft, unermüdlich auf andere zuzugehen und Beziehungen zu schaffen.

Nach und nach erfuhr ich seine Geschichte. Ich habe schon die Jahre nach dem Putsch von 1980 erwähnt, das »Monster namens Armenier« in den Schulbüchern, die dröhnende Stimme des Diktators, der seinen Spaß daran hatte, dieses Wort im Fernsehen zu verunstalten, und die Lehrer, die ihn nachahmten ... In den Jahren danach schuf das Regime die Illusion einer demokratischen Erneuerung und gewann das Vertrauen der Bürger, doch die Feindseligkeit dauerte an. Als die kurdischen Aktivisten inhaftiert oder ermordet wurden, nannte die Presse sie »armenische Bastarde«. Das tief sitzende Ressentiment gegenüber dieser Gemeinschaft verschärfte sich also, während ihre Anwesenheit weiterhin versteckt blieb. Wie sollte man unter solchen Umständen aktiv werden?

Die Armenier wurden als religiöse Minderheit betrachtet, und da nur der Patriarch in ihrem Namen sprechen konnte, versammelten sich die unterschiedlichen Akteure der Gemeinschaft unter seinem Signum. An dieser Stelle setzte Hrant Dink mit der Gründung einer zweisprachigen Zeitung an, entschlossen, dem antiarmenischen Konglomerat entgegenzutreten. Der Patriarch unterstützte das Projekt. Später wies Hrant Dink als alter Linksaktivist die Autorität des Patriarchen zurück und behauptete eine laizistische Position.

Agos erschien zum ersten Mal am 5. April 1996 anlässlich des Osterfests und schaffte es, armenische mit nicht armenischen Intellektuellen und Journalisten zusammenzuführen – ein für die Türkei neuartiger Prozess.

Oben habe ich aus dem Bericht des Aktivisten Hrant aus den 1970er Jahren zitiert, als er den Namen Fırat trug. Während er damals Befürchtungen hatte, unter seinem echten Namen politisch tätig zu sein, verließ er zehn Jahre darauf sein Versteck und legte das Pseudonym ab; seine unabhängige Stimme wurde laut und setzte erstmals nach dem Genozid eine Bewegung rund um die armenische Frage in Gang.

Dem Handeln ist es eigentümlich, Prozesse loszulassen [...], einen neuen Anfang zu setzen, etwas Neues zu beginnen, eine Initiative zu ergreifen oder, Kantisch gesprochen, eine Kette von selbst anzufangen, schreibt Hannah Arendt.*

Handeln ... das tat die Zeitung *Agos*. Sie rüttelte die türkischen Aktivisten wach und mischte ein versteinertes System auf. Ihre neue, mutige Linie erregte starkes Interesse. Als Plattform für Menschen, die antimilitaristisch, pazifistisch, antinationalistisch und antikapitalistisch dachten und gleichermaßen über die Probleme der armenischen Gemeinschaft, die Kurdenfrage, die Armut und die Meinungsfreiheit debattierten, fand *Agos* schnell ihr Publikum. Zum ersten Mal erhob ein Akteur im Namen der Armenier kollektiv Anklage gegen die Regierungspolitik. Die Freiheit kann nicht aufgezwungen, sondern muss erobert und sorgsam gepflegt werden.

Agos war nicht das Forum einer ausgeschlossenen Gruppe Benachteiligter auf der Suche nach Fürsorge. Die Zeitung wies die billigen Sekundärgewinne des Opferstatus zurück, ohne deshalb die Geschichte zu vergessen, und wich weder der Gewalt noch dem Nationalismus. So bahnte sie sich ihren Weg und öffnete ihn für andere. Sie gewann auch jene Misstrauischen, die sich normalerweise eher verschlossen und fernhielten. Sie tat wichtige Protagonisten des Pazifismus auf und fand Freunde, die denselben Garten fruchtbar machen wollten.

Schließlich aber wurde diese Annäherung an das »Zusammenleben« zunichte gemacht.

In dem System, das der nationalistische Apparat errichtet hatte, war Zusammenleben für die Armenier in Wirklichkeit gleichbedeutend mit Überleben. *Agos* gab den Reglosen und Unsichtbaren Leben, Gesicht und Stimme.

Sie stellte die Hauptfrage: »Wo sind die Armenier?« Wir wissen, dass Menschen gestorben und die Überlebenden fortgegangen sind, aber wo sind die Armenier, die in der Türkei geblieben sind? Nennen sie sich alle Armenier? Und was heißt es, Türke zu sein? Diese Fragen ermöglichten es unzähligen Armeniern, denen der Übertritt zum Islam aufgezwungen wurde, aus dem Schatten zu treten. Zahlreiche Türken und Kurden fassten Mut und bekannten, dass ihre Großeltern oder andere Familienmitglieder in Wahrheit Armenier waren.[30*]

Die Frage: »Wo sind die Armenier?« mündete, wenn sie offen gestellt wurde, nicht nur in eine Neudefinition des armenischen Bürgers, sondern berührte ebenso die Definition des türkischen.

Dann aber sah sich die Zeitung Auge in Auge mit dem Machtapparat, dem mächtigen Schatten des Staates, der die Wege versperrte ... Doch gerade der Wunsch, aus dieser Sackgasse zu entkommen, hatte zur Gründung von *Agos* geführt.

---

30 So erzählt Fethiye Çetin in ihrem Buch *Anneannem* (Meine Großmutter) die Geschichte ihrer armenischen Großmutter, die am Vorabend des Völkermords zum Islam übertreten musste.

Leute wie wir müssen einander die Hände reichen.

Seine waren riesig. Die der anderen klein. Weiß oder gebräunt, feingliedrig oder rundlich ... Zahllose Menschen, die ihrem Traum treu blieben und auf seine Verwirklichung bauten, woben mit ihren Händen am »Wunder der Freiheit«.

Wie sagte Hannah Arendt? *Das Wunder der Freiheit liegt in diesem Anfangen-Können beschlossen.* *

11. Wo sind die Armenier*innen?

Diese Begegnung beeinflusste meine Suche nach einer Position im Kampf um die Freiheit. Meinen Platz fand ich in einem Aktionsfeld, das von tiefen Ungleichheiten durchzogen war. Ich beobachtete, wie stark eine Protestbewegung von sozialen Beziehungen bestimmt wird. Wie sie Individuen auf verschiedensten Umlaufbahnen miteinander verbindet: Verschiedenheit des Geschlechts, der Klasse, der ethnischen Zugehörigkeit, der sexuellen Orientierung, der Generation ... Ich sah, wie diese Unterschiede der Bewegung und ihren Akteuren vielfältige Möglichkeiten eröffneten, aber auch für Konflikte sorgten, darüber, welche Prioritäten man setzen, wo man sich verorten und wie man sich Gehör verschaffen sollte. Ich sah, wie sich Hierarchien ausbildeten und Spannungen hervorriefen.

Es ist nicht einfach, sich von einer überheblichen Identität zu befreien. Das abschätzige Bild vom »Armenier«, das sich am Gymnasium unmerklich in meinem Innern eingenistet hatte, ließ sich nicht so leicht abschütteln. Ich konnte nicht verhindern, dass ich immer wieder dachte: »Aber wo sind denn diese Armenier? Wieso unterstützen sie unsere Aktion nicht?«

Ab und zu brach heftiger Protest aus. Eines Tages rief eine junge armenische Feministin mitten in einer harmlosen Versammlung aus:

– Jedes Mal, wenn die Leute mir begegnen, fangen sie mit demselben Thema an. Ich bin überzeugt, dass sie untereinander nie das Wort »Armenier« aussprechen. Sie kommen nur darauf, wenn sie mich sehen. Also antworte ich, als müsste ich eine Mission erfüllen. Aber das bringt nichts. So kann man einfach nicht darüber reden.

Die Versammlung wurde stürmisch. Irgendjemand erklärte, er finde diese Frau »nationalistisch«. Da schoss mir die Erinnerung an das Abendessen in Antakya durch den Kopf. *Der Nationalismus ist der größte Feind der Wissenschaft!*

Der Schrei der jungen Frau holte mich in die Realität zurück.

– Es reicht! Ich habe genug davon, der Nationalismusprobe unterzogen zu werden. Ich bin Armenierin. Ich bin anders als ihr, begreift ihr das nicht? Wieso kommen keine anderen Armenierinnen hierher? Sind die alle Nationalisten? Ihr solltet erst mal vor der eigenen Tür kehren.

Etwas später kam ich mit *Hay Gin* in Kontakt, der einzigen Gruppe feministischer Armenierinnen in Istanbul. Wir organisierten kleine Begegnungen zum Erfahrungsaustausch mit gemeinsamen Referaten, etwa zur Geschichte der Frauenbewegung in der Türkei. Diese begann am Übergang vom 19. zum 20. Jahrhundert im Kielwasser der aufkommenden europäischen Bewegungen mit den ersten feministischen Organisationen und Zeitschriften, von denen einige von Armenierinnen gegründet worden waren.* Nach und nach wurden wir uns mit Schrecken darüber klar, wie sehr der Genozid, die Deportation der Griechen und die Assimilation der Kurden die Frauenbewegung gleichgeschaltet und türkifiziert hatten. Wir begriffen, dass sie zur Zeit der Republikgründung, ihrer nicht islamischen Mitbegründerinnen beraubt und niedergedrückt vom nationalistischen Sturm, erheblich geschwächt und schließlich zerschlagen worden war. Sämtliche Bewegungen im Land, nicht nur die Linke, erlebten einen Prozess der Uniformierung.

Gut, es gab *Hay Gin*, aber ihre wenigen Mitglieder unterstützten unsere Arbeit kaum. Ich hörte auf zu fragen: »Wo sind die Armenier?« Mir wurde bewusst, dass mittlerweile kaum noch Armenier in der Türkei lebten, ja dass sie fast ganz ausgelöscht worden waren.

Im Jahr 2003 organisierten wir eine groß angelegte Aktion. Aus allen vier Windrichtungen der Türkei setzten sich Frauen in Bewegung, um in Konya in der Mitte des Landes zusammenzutreffen. Sie hatten Säcke dabei, die sie im Verlauf ihrer Reise mit Briefen füllen sollten, die ihnen andere Frauen anvertrauten. Wir wollten damit demonstrieren, dass die Frauen je nach ihrer Zugehörigkeit unterschiedlichen Formen der Gewalt unterworfen sind, und daraus einen gemeinsamen Kampfaufruf entwickeln. Hunderte von Frauen, beladen mit Tausenden Briefen, erreichten schließlich Konya.

Eins der Schreiben war im Namen von *Hay Gin* verfasst. Darin stand: *Auf den Straßen, die ihr überquert habt, haben wir früher gelebt.*

Das gefälschte Bild, das ich von den Armeniern hatte, bekam einen tiefen Riss.

12. Die Wiederbelebung des historischen Fluchs

Ich sprach mit Hrant von dieser falschen Vorstellung, die ich innerhalb meiner Schulzeit entwickelt hatte. Beschämt, zögernd fragte ich ihn, wie ich mich ein für alle Mal von meiner überheblichen Identität befreien könnte.

Wie gewöhnlich brach er in Lachen aus.

– Kleines freches Mädchen, hau ab!

Ein merkwürdiges Spiel begann zwischen uns. Ein Spiel, das niemand kannte. Wenn er mir vorwarf, wieder einmal zu schnell zu sein und nicht zu schauen, wohin ich die Füße setzte, schloss er immer mit einem »Freche kleine Türkin!« Und wir scherzten, bis ich zurückgab: »Geh doch, du armenischer Angsthase!«

Beide versuchten wir, uns von unseren historisch vorgefertigten Identitäten frei zu machen. Unser Werdegang, unsere sozialen Ursprünge waren gänzlich verschieden, und das beeinflusste unvermeidlich die Art, wie wir uns politisch engagierten. Trotz der Sackgassen, in die uns Gegenwart und Vergangenheit gleichermaßen einsperrten, bewegte er sich mit »taktischem Pragmatismus« in der seinen. Dabei hörte er nicht auf, seine Freunde zu derselben klugen Lageeinschätzung einzuladen. Doch leider gelang es mir wie so oft nicht, dieser Einladung zu folgen.

Wenn man weiterkommen will, muss man nachdenken. Zu jener Zeit aber meinte ich, keine Zeit zum Innehalten und Nachdenken zu haben. In einer Art heimlicher Resignation schlug ich mit E-Mails und Versammlungsprotokollen um mich. Auf den immer gleichen Demonstrationen spulte ich tausendfach wiederholte Slogans ab.

In Wahrheit hörte keiner dem andern zu. Wir gaben uns mit kleinen Scherzen zufrieden, um wieder Atem zu schöpfen. Heute bedrückt mich die Erinnerung an diese Zeit.

Alle Welt war bedrückt, nur die Mörder nicht ...

Wie hätte ich ahnen können, dass man Hrant, vier Jahre nach der Veröffentlichung des »Aufsatzes« in meiner Rubrik der Tageszeitung *Yeniden Özgür Gündem*, ermorden würde? Doch, ich hätte es wissen müssen. Von Schulkindern zu verlangen, solche Texte zu schreiben, hieß, ihnen ein Schwert in die Hand zu drücken ... ein Schwert, das mit ihnen groß wurde.

Am 19. Januar 2007 fiel es auf Hrant nieder.

Am Jahresanfang hatte er mich angerufen und gesagt: »Allmählich wird es schlimmer ...« Er hatte die Nachricht in der Kooperative *Amargi* hinterlassen. Ich war kaum zur Tür hereingekommen, als mir meine Freundinnen entgegenriefen:

– Hrant Dink hat dich angerufen. Ist etwas passiert?

Seit einigen Jahren war *Agos* immer neuen Angriffen ausgesetzt.

Er war zu weit gegangen, als er es gewagt hatte, ein Mitglied der Familie von Mustafa Kemal Atatürk, Republikgründer und geheiligte Figur der Nation, in den Mittelpunkt der Debatte zu rücken.

In einem Artikel vom 6. Februar 2004 mit dem Titel »Das Geheimnis von Sabiha Hanım« hatte er Informationen verarbeitet, nach denen Sabiha Gökçen,[31] Adoptivtochter Atatürks, eine armenische Waise war, die ihre Eltern während des Völkermords verloren hatte. Sie war 1925 nach einem Besuch Atatürks in einem Waisenhaus in Südostanatolien von ihm aufgenommen worden.

Diese Veröffentlichung führte prompt zu heftigen Reaktionen. In der Presse erschienen Fotos von Hrant, er wurde »Verräter der türkischen Nation« genannt. Eine Erklärung des Generalstabs der Armee illustriert die Härte der Vorwürfe: »Eine Debatte, egal mit welcher Absicht, über ein solches Symbol anzuzetteln, bedeutet eine Verletzung der nationalen Integrität und des sozialen Friedens.«* Der Generalstab kündigte Hrant »mögliche Konsequenzen« an. Umgehend wurde er auf das Polizeipräsidium bestellt. Ein Untergebener des Polizeipräsidenten ermahnte ihn: »Sie wissen ja, dass alle Sorten von Verrückten auf der Straße herumlaufen. Deshalb sage ich Ihnen: Sie sollten etwas besser aufpassen, wenn Sie derartige Informationen verbreiten.«*

Diese Unterredung war nichts anderes als eine Form der Einschüchterung, die sich als Warnung tarnte. Hier wurden einem Chefredakteur »die Grenzen aufgezeigt«, der »aus der Sackgasse ausbrechen« wollte, indem er die Geschichte, insbesondere die der Fundamente der Republik, entmystifizierte. »Entweder du liebst die Republik oder du verlässt sie!« Das brüllten die Ultranationalisten vor der Redaktion von *Agos*, kurz bevor Hrant ermordet wurde ... Das Klirren des Schwertes näherte sich; es war eine offene Drohung.

---

31 Sabiha Gökçen (1913–2001), eine der Adoptivtöchter von Atatürk, wurde zum Modell der in der neuen Republik heranwachsenden Frauengenerationen erhoben. Als erste weibliche Jagdpilotin der Welt und erste türkische Kampfpilotin war sie namentlich an der Bombardierung kurdischer Rebellen in Dersim beteiligt. Einer der beiden Flughäfen von Istanbul ist nach ihr benannt.

Hrant hatte nicht geschrieben, dass Sabiha Gökçen eine Armenierin gewesen sei, sondern nur ein in der Öffentlichkeit kursierendes Gerücht wiedergegeben. Das aber wurde nicht geduldet. Der Vorfall demonstrierte, wie sehr der Staat seine Symbole heiligte und mit welcher Hysterie er reagierte, wenn die offizielle Version infrage gestellt wurde. Nicht anders als die religiösen Fundamentalisten, die jeden gelyncht hätten, der es gewagt hätte, auch nur die leiseste Frage nach einem der Propheten zu stellen ...

In der Türkei ist der Staat eine geheiligte Institution, die noch über Gott steht. Er baut und stützt seine Macht auf ein mythisch-religiöses Vokabular, das jeden Diskurs reglementiert. Die Besonderheit des repressiven türkischen Systems ist Teil der verfassungsgemäßen Definition der republikanischen Staatsbürgerschaft. Auf allen Gebieten, seien es die ethnische Zugehörigkeit, die Lebensweise, die Kleiderordnung oder die sexuellen Beziehungen, herrscht der Monismus. Wer sich nicht nach den etablierten Normen richtet, wird unmittelbar als Bedrohung, mithin als Feind wahrgenommen.

Doch Hrant ließ es nicht dabei bewenden. Von 2006 an verantwortete er eine Artikelserie über die Rolle, die der Genozid im kollektiven armenischen Gedächtnis innehat. Einer dieser Artikel, »Armenien kennenlernen«, wurde von der Presse aufgegriffen, die entstellte oder gekürzte Ausschnitte abdruckte. Am 12. Juli wurde Hrant zu sechs Monaten Freiheitsstrafe wegen »Beleidigung des Türkentums« verurteilt. Seine gewaltlose Position beeindruckte alle. Er wurde zum Störfaktor. Im Bewusstsein, dass er endlich gehört worden war, ließ er nicht locker. Mein Freund, der »armenische Angsthase«, steigerte noch die Lautstärke. Das Echo seiner Stimme war im ganzen Land vernehmbar.

Wir können uns damit beruhigen, Artikel zu schreiben und Solidaritätsaktionen zu organisieren. Ab und zu machen wir Politik mit geschlossenen Augen. Der Schrei, den wir hören, verwandelt sich in Slogans, die unsere Lippen mechanisch wiederholen. An dem Tag, als er mir am Telefon sagte: »Führ dich nicht auf wie eine freche kleine Türkin, nicht jetzt!«, nahm ich unsere Witzelei wieder auf und rief unbedacht in den Hörer: »Sie wollen, dass wir klein beigeben. Das ist nicht der Moment, den armenischen Angsthasen zu spielen, Hrant!«

Diesmal kam kein lautes Lachen.

Keine zehn Tage waren vergangen, da wurde mein Freund von drei Kugeln in den Kopf getroffen, als er am 19. Januar 2007 die *Agos*-Redaktion verließ.

Wie in einem Film überschlugen sich die Ereignisse. Die polizeilichen Ermittlungen mündeten in der Festnahme eines jungen Mannes. Vor Gericht gestand er sofort, dass er Hrant unter dem Einfluss der Zeitungsberichte getötet habe. »Wie hätte ich sonst wissen können, wer Hrant Dink ist?«, erklärte er.* Belangt wurden nur der mutmaßliche Schütze und zwei der Anstiftung verdächtige Personen. Doch unter Führung zweier Staatsanwälte enthüllte die Kriminalkommission Beteiligungen im Innern des Staatsapparats, namentlich der Behörden von Polizei und Militärpolizei. »Es hat sich schnell herausgestellt, dass Funktionäre, hohe türkische Würdenträger, die wahren Auftraggeber des Mordes waren.«*

Auf seinem Begräbnis skandierten mehr als 300.000 Demonstranten: »Wir alle sind Armenier! Wir alle sind Hrant Dink!«

Zum ersten Mal in der türkischen Geschichte versammelten sich die Leute für einen Armenier. Zum ersten Mal nach dem

Völkermord nahmen junge Armenier mutig an einer Bewegung teil, die von einer Handvoll Aktivisten in Gang gesetzt worden war, um das hundert Jahre alte Schweigen zu brechen.

Das hatten die Mörder von Hrant Dink nicht vorausgesehen. Genauso wenig wie wir, Hrants Freunde, seinen Tod vorausgesehen hatten.

In meiner Kehle fühlte ich die Schreie von Tausenden Frauen, Männern, Kindern und Alten. Auf einmal wurden alle Geschichten von der Vernichtung, die ich jemals gehört hatte, wieder wach. Der Fluch war nicht zwischen den dunklen Seiten der Geschichte begraben. Als sich Rakel Dink in ihrer Abschiedsrede mit den Worten »Du, meine Liebe, hast dein Land nicht verlassen ...« an ihren Ehemann wandte, da wusste ich wie alle anderen, dass sie darin auch Hrants Freunde einschloss. »Wir werden nichts ausrichten, meine Freunde, wenn wir nicht die Finsternis durchdringen, die aus einem Baby einen Mörder macht ...«

Wir alle waren erschüttert, dabei hatten wir es ja gewusst ... Hatte ich nicht im Jahr 2003 auf den Schatten des Schwerts gezeigt, das man Kindern in die Hand geben wollte? Hatte ich nicht von der Lüge und dem Hass geschrieben, den man in ihre Seelen pflanzte?

Aber Wissen ist eine Sache, das zu leben, was man weiß, eine andere. Sich dem Grauen der Gegenwart zu stellen, bringt Klarheit auch in die Geschichte. Die Schreie, die ich unter der Folter ausstieß, das Brüllen der gefangenen Frauen, die vergewaltigt wurden, die versteinerte Klage der Toten in meinem vom Kriegszustand verdunkelten Land, war mir das alles keine Lehre gewesen? Ach, am eigenen Leib zu leiden hilft nicht dabei, die Leiden der anderen zu verstehen.

Das Wissen reicht nicht mehr aus. Unsere Identität bestimmt unsere Reflexe. Um sich davon zu befreien, muss man ein wenig innehalten ... Abstand nehmen. Sich stellen und reflektieren. Auf diese Weise lernt man, das Wasser zu hören und zu sehen, das die Menschen verschlingt, und den Wind, der die Freunde hinwegfegt. Indem man die eigenen Grenzen immer weiter vorantreibt.

So lernte ich, die Spuren des Völkermords zu erkennen, die noch heute existieren: die unveränderten Hasspredigten in den Schulbüchern, den Fernsehkanälen, den Alltagsgesprächen. Ich habe verstanden, dass man diese Dinge nur wahrnehmen kann, wenn man einen Lernprozess durchläuft.

Ich habe begriffen. Ich habe berichtet. Und dann? Mein Zeugnis wird keinen der Verschwundenen zurückbringen. Mehr als eineinhalb Millionen Armenier sind im Jahr 1915 gestorben. Sie werden nicht wiederauferstehen. Die Entkommenen sind in alle vier Winde verstreut. Und die Nachkommen, die in den Exilländern leben, werden sich wohl kaum im Land ihrer Vorfahren wiederbegegnen. Weder Rache noch Gewalt noch Verzeihung, nichts, absolut nichts kann etwas an dieser schrecklichen Realität ändern.

Die Straßen tragen noch immer die Namen derjenigen, die den Völkermord verantworten. Man müsste sie nach Hrant Dink benennen.

13. Karins Schrei

Hrant ist fortgegangen. Mit ihm habe ich die Überheblichkeit begraben. Fünf Jahre, bevor er uns verließ, hatte er mir ein wunderbares Geschenk gemacht.

– Wir sind wie zwei Finger derselben Hand, hatte er gesagt und mir die Journalistin und Schriftstellerin Karin Karakaşli vorgestellt.

Sie arbeiteten zusammen bei *Agos*. Seine laute Stimme klang wie ein Befehl:

– Ihr werdet euch perfekt ergänzen!

Wir beide schlossen einander in die Arme.

In der Zeit darauf spielte er immer, wenn er unser Einvernehmen sah, das eifersüchtige Kind:

– Ihr habt euch gefunden und mich vergessen ...

Nach seinem Verschwinden war alles anders geworden. Zu zweit pflegten wir weiterhin eine Freundschaft zu dritt, eine Freundschaft für die Welt.

Dann war ich es, die fortging. Im Frühling 2009 reiste ich Hals über Kopf in andere, ferne Länder. Mit vielen Städten, die mich auf meiner Flucht aufnahmen, machte ich Bekanntschaft: Köln, Düren, Berlin, Paris, Straßburg, Lyon, Nizza ... Meine Freundin ließ mich im Exil nicht allein. Schon in Köln, meiner ersten Zwischenstation, war sie da und lehnte den Kopf an meine Schulter. Sie kam in der Nacht, und wir blieben bis zum Morgengrauen wach. Dann spazierten wir den ganzen Tag lang durch die Stadt.

– Der Dom soll ein neues Kirchenfenster haben, sagte sie. Ich würde es gern anschauen.

Wir gingen hin. Mit einem Mal blieb sie stehen.

– Ist dir aufgefallen, dass wir heute überhaupt nicht von Hrant geredet haben? Aber, sagte sie plötzlich, gleich wird er erscheinen, dort, und das eifersüchtige Kind spielen.

Am Dom angekommen, erstarrten wir minutenlang. Über dem Eingang hing ein riesiges Transparent: *Ich habe euch Freunde genannt.*[32] Unsere zitternden Hände fanden sich. Wir waren wie Kinder bei ihren ersten Schritten, wie zwei alte, tattrige Frauen.

Wir traten ein und ergriffen wortlos jede einen Flyer zum Mitnehmen, auf dem derselbe Satz abgedruckt war. Der von Karin ist in Istanbul. Meiner begleitet mich seit fünf Jahren in die vielen Zimmer, in denen ich wohne.

Durch diesen seltsamen Zufall gruben sich die Worte in unsere Existenz. Über ihre Bedeutung haben wir merkwürdigerweise nicht viel geredet, doch wir hatten sie verstanden. Es war nicht nur Hrant, der uns einander nahegebracht hatte, sondern das Feuer, durch das wir gegangen waren. Bei seinem Tod blieb uns nur noch Asche.

Ich sah in meiner Freundin das verletzte, geschädigte, verlassene Kind. Ich sah sie die ersten taumelnden Schritte tun, ich sah die Kraft, mit der sie sich des Erbes annahm, das ihr zugefallen war. Ich sah, wie sich ihr unter der Last schleppender Gang allmählich festigte.

»Alles in diesem Land arbeitet gegen uns. Alles zwingt uns, stillzuhalten oder uns unüberlegt aufzulehnen. In einer derart

32 Joh. 15,15. Unter diesem Motto stand die Kölner Domwallfahrt des Jahres 2009 (A. d. Ü.).

feindseligen Umgebung grenzt es an einen Traum, miteinander zu reden, miteinander zu leben«, sagte meine Freundin, die trotz der Sackgassen an dieser Utopie festhielt.

Dieselben Überzeugungen hatten Hrant bewegt, seinem Weg zu folgen, indem er schrieb und sein Leben riskierte. Es galt, die Trauer zu teilen, all die dunklen Seiten unserer Geschichte zu lesen und einander beim Weitermachen zu unterstützen.

Vor einiger Zeit sah ich Karins traurige Augen im Fernsehen. »Ich habe zwei Menschen geliebt ... so sehr, dass sie meine besten Freunde wurden. Sie sind beide fortgegangen. Jetzt bleibt mir nur noch, von ihnen zu sprechen, in ihrem Namen, für sie. Ich habe mir Freunde ausgesucht, die mein Unglück geworden sind ...«, sagte sie.

Karin hat zu uns gehalten, zu mir und zu Hrant. Sie hat nie gesagt: »Es ist nicht gut für dich, wenn man uns zusammen sieht. Es könnte dir schaden ...« Im Gegenteil. Sie war die treibende Kraft in der starken Kampagne, mich aus dem Exil zu holen. Die Geschichte, die uns zusammenführte, der Mordanschlag, der unsere Freundschaft besiegelte, die Solidarität, die uns zu Schwestern machte, öffneten die Aussicht auf eine neue Generation. Von Nişan Amca zu Karin, von der »türkischen« Linken zu den Demonstranten des Taksim-Platzes.

Die Umwandlung unseres Lebens macht uns nicht nur freier und glücklicher, sondern auch stärker. Wir bauen Brücken zwischen verschiedenen Straßen. Gemeinsam schleppen wir die Steine. Ohne Atempause kämpfen wir gegen den Riesenkraken, der seine Tentakel immer wieder nach unserem Hals ausstreckt. Zusammen machen wir weiter. Wir nähren unseren Traum.

14. Gehen oder bleiben

Straßburg, den 20. August 2014

Meine liebe Karin,

welch düsterer Zufall. Zwei Jahre nach Hrants Verschwinden bin ich selber fortgegangen. Und dennoch sind wir stets gegenüber denen selbstbewusst geblieben, die uns entgegenschrien: »Entweder du liebst das Land oder du gehst!«.

Neulich habe ich in den alten Nummern von Agos *geblättert und bin auf einen von Hrants Artikeln gestoßen. An sich selbst gewendet, weist er entschieden die Idee zurück,* »den Weg des Exodus zu gehen [...], den unsere Vorfahren 1915 gegangen sind. Ohne zu wissen wohin ... auf denselben Straßen ... mit denselben Leiden ...«

Unser Freund lehnte es ab, sich von der blinden Gewalt vertreiben zu lassen und uns zu verlassen. »Zu bleiben und in der Türkei zu leben ist nicht nur unser tiefer Wunsch, sondern auch eine Notwendigkeit. Wir schulden es dem Respekt gegenüber unseren Freunden [...], die uns zur Seite stehen und für eine demokratische Türkei kämpfen. Also werden wir bleiben und kämpfen.«*

Er ist geblieben, allein in einem Kugelhagel. Wäre er nicht getötet worden, wären alle seine Mörder verhaftet worden, wäre ich dann gegangen? Was meinst du, Karin? Ich habe ausgehalten, bis ich mit lebenslanger Haft bedroht wurde. Da aber habe ich keine Minute mehr gezögert.

Weißt du, dass ich es inzwischen anders sehe? Mein Haus, meine Stadt und meine Freunde fehlen mir. Aber dank der Technologie ist es nicht so wichtig, auf welcher Seite der Grenzen wir uns befinden. Außerdem sind es nicht wir, die sie gezogen haben!

Durch das Internet kann ich mit meiner Familie und meinen Freunden sprechen und an vielen Versammlungen teilnehmen. Und schließlich schaffe ich es hier zu schreiben, ich singe, ich esse, ich gehe unbehelligt spazieren, du kommst mich besuchen, wir gehen durch die Straßen …

Wenn Hrant noch lebte, würde er mich nicht mehr so frech finden. Vielleicht hätte ich seine große Hand ergriffen und ihn gedrängt weiterzugehen, auf einem neuen Weg.

»Das erzwungene Exil erschüttert den Körper wie ein Unwetter. Es zerschlägt die Seele in tausend Stücke«, *hätte er gesagt. Doch ich hätte unseren Freund an die Grenze geführt und ihm mit erhobener Stimme geantwortet:* »Weder du noch ich sind Repräsentanten eines ganzen Volkes, einer ganzen Gemeinschaft. Wir sind zwei Individuen mit der Gabe des freien Willens. Wenn wir auf die offene See zusteuern, können wir neue Ansichten gewinnen …«

Wir hätten … Aber er ist nicht mehr. Oder, um es mit den Worten der Frauen von Hay Gin *zu sagen:* Auf den Straßen, die wir überquert haben, hat Hrant früher gelebt.

Bis ganz bald, meine liebe Karin, ich will dich unbedingt wiedersehen. Aber erwarte mich nicht zu früh am Anleger von Istanbul. Im Augenblick bin ich noch weit, weit weg.

15. Die abwesende Türkei

Wir sind nicht weggegangen. Wir sind vertrieben worden. Wir haben die Türkei hinter uns gelassen. Aber welche Türkei?

Meine Türkeiii, meine Türkeiii, mein Paradiiies! / In keinem Land gibt es ein Volk wie diies! Eine drittklassige Sängerin, die das Militärregime berühmt gemacht hatte, sang dieses Lied in den Jahren nach dem Putsch von 1980. Den lieben langen Tag sah man sie im Fernsehen in Soldatenuniform die türkische Fahne schwenken. Sie brüllte das Lied in allen möglichen Versionen, und ihre Stimme war der Albtraum meiner Kindheit. Mein Vater erzählte uns, dass sie in Endlosschleife aus den Gefängnislautsprechern tönte. Noch heute schreckt er zusammen, wenn er es hört.

1998, zehn Jahre später, kehrte in meinen Ohren der Albtraum unter der Polizeifolter wieder. *Meine Türkeiii! Meine Türkeiii!* Während ich an den Armen an der Decke aufgehängt war, plärrte eine Platte noch ein anderes Lied:

Meiner Türkei habe ich mein Leben geschenkt / Seit Jahrhunderten trinkt mein weißes Pferd / Aus den Flüssen meiner Türkei, meines Landes / Ich starb, ja ich starb für meine Türkei ...

Um meine Schreie zu übertönen, drehten sie die Musik lauter. Der Sänger heulte, dass er für unser Land gestorben sei, doch als die Estrapade an meinen Armen riss, war ich es, die zu sterben meinte. Ich weiß nicht, wie das Lied weiterging, denn ich verlor das Bewusstsein.

Deshalb waren für mich die Lieder zum Ruhm eines Landes lange Zeit gleichbedeutend mit faschistischem Radau, der die

Schreie der Gefolterten und das Geräusch des Todes ersticken soll. Blutiger Lärm, Krach, der falsche Geständnisse erpressen soll.

Als ich jedoch im Jahr 2012 bei meiner Ankunft in Frankreich das Lied »Mein Frankreich« von Jean Ferrat hörte, überlief mich ein eigenartiger Schauder. Diesmal öffneten mir die Einfachheit und Zartheit der Worte einen neuen Horizont.

Die, die keinen Schatz besitzt, nur ihre schlaflosen Nächte / Für den beharrlichen Alltagskampf / Von der Zeitung, die man am Sonntagmorgen verkauft / Bis zum Plakat, das man an die Mauer des nächsten Tages klebt / Ma France …

Die, die in mir singt: ma belle, ma rebelle / Sie hält die Zukunft fest in ihren zarten Händen / Mit ihren sechsunddreißig bis achtundsechzig Kerzen / Ma France …

Dieses Lied machte es mir leichter, »meine Türkei« zu sagen. Ja, die Stürme und Sturzbäche, die die Armenier hinwegfegten, haben auch Griechen, Kurden, Assyrer, Aleviten, Homosexuelle, Transsexuelle, Antimilitaristen und Oppositionelle drangsaliert, all jene, die es wagten, den Unterdrückern zu erwidern: »Ich spiele euer Spiel nicht mit.« Ja, unsere Türkei ist ein Land, in dem alle Unterschiede beseitigt werden, ein Land der Bluttaten und der Friedhöfe. Aber obwohl ich selbst verwundet bin, lebe ich weiter. Es gibt viele ungewöhnliche Wege zu entdecken, und das Leben ist voll davon. Denn in meiner Türkei gibt es nicht nur Mörder.

Der Brief, den das Redaktionskomitee von *Agos* einige Tage nach der Ermordung von Hrant Dink veröffentlichte, gibt dieser Hoffnung Ausdruck:

Wir danken all den Freunden, die an diesem Tag tiefen Schmerzes mit uns waren, die uns zur Seite gestanden, uns unterstützt und

Hoffnung gegeben haben. Unser Dank gilt zuerst den Armeniern aller Länder. Auf ihre Weise haben sie die verstreuten Granatapfelkerne[33] *aufgesammelt und zusammengetragen. Sie haben uns eine Türkei gezeigt, die uns Bedeutung beimisst, ein Land, das wir zu unserem machen, ein Land, in dem wir weiterleben wollen. Das ist die Türkei von Hrant.**

Die Türkei von Hrant, die Türkei von Karin, meine Türkei ... Hrant Dinks Ermordung hat einen Paradigmenwechsel eingeleitet und ein Feld für Protestaktionen eröffnet. Sein gewaltsamer Tod führte zu einer neuen Bewegung um *Agos*. Karin hat das einmal enthusiastisch zum Ausdruck gebracht: »Uns ist bewusst geworden, dass unsere Aufgabe nicht nur darin besteht, uns in der Zeitung zu Wort zu melden. Der Augenblick zum gemeinsamen Handeln ist gekommen. Alles steht dafür bereit: das Netzwerk, die Menschen, die Projekte und unser Einfluss ... Schreiben, Diskutieren und Informieren reicht uns nicht mehr.«

Auch Çigdem Mater, Tochter von Linksaktivisten und ihrerseits in vielen Bewegungen engagiert, unterstreicht diese Entwicklung: »Bis zur Ermordung von Hrant Dink habe ich ab und zu *Agos* gekauft. Mir war klar, dass die Zeitung eine neue politische Linie vertrat. Was Hrant angeht, so verfolgte ich seine Äußerungen, seine Analysen und Positionsbestimmungen aus der Nähe. Seit dem 19. Januar 2007 kann jeder sehen, dass *Agos* nicht mehr nur eine einfache Zeitung ist, sondern ein Ort der Begegnung, ein Raum, in dem sich eine neue Bewegung formiert. Diese Veränderung geht nicht nur die Leute an, die diese Zeitung lesen. Auch andere, die nur ihren Namen kennen, ja selbst diejenigen, die sie nicht schätzen, erkennen an, dass *Agos* zum Forum

33 Der Granatapfel, allgegenwärtiger Bestandteil der armenischen Kultur, ist zum Symbol eines Volkes geworden, das seit dem Genozid in alle Welt verstreut ist.

geworden ist, in dem unterdrückte, unter Verschluss gehaltene Wahrheiten zum Ausdruck kommen.«

In meiner Türkei reichen die freiheitsliebenden Menschen einander die Hände, auch wenn sie nicht dieselben Verletzungen erlitten haben. *Agos* oder die Radiostation *Nor Zartung*, die von jungen Armeniern betrieben wird, versammeln Aktivisten und Aktivistinnen unterschiedlicher Provenienz: feministisch, LGBT, pazifistisch, ökologisch, studentisch, ethnisch ... Der Dialog erweitert das Feld der Veränderungen. Wenn man in Istanbul aktiv wird und zwischen den beiden Ufern des Bosporus hin- und herfährt, um an Versammlungen teilzunehmen, wo man lernt, »die anderen« anzuhören, wird das Brückenbauen leichter. Viele Dinge können in den zwanzig Minuten in Gang gesetzt werden, die das *vapur* zur Überfahrt braucht!

Der Kreislauf von Ideen und Erfahrungen führt zwar manchmal zu Zusammenstößen, aber auch zu Wandlungsprozessen. Das Spektrum der Einflüsse wird größer und ermöglicht ein neues Vokabular, neue Interpretationen, neue Aktionsweisen und Organisationsformen jenseits der allgemeinen Routinen.

Im Bereich des politischen Aktivismus meiner Türkei vereinigt eine neue Art der Mobilisierung viele Bewegungen in einer neuen Ära des Protests. Von der vorangegangenen unterscheidet sie sich dadurch, dass sie nicht mehr den Partisanenton anschlägt. Hier entsteht ein Raum für die Artikulation gemeinsamer, subjektiver Interessen jenseits fester sozialer, politischer, ideologischer oder identitärer Positionen. Und trotz des stark repressiven Umfelds werden spontane Demonstrationen, unerwartete Aktionen und neuartige Initiativen ins Leben gerufen. Innerhalb dieser Pluralität entwickeln sich Überlegungen zu einem gemeinschaftlichen Projekt der Gerechtigkeit für die Armenier und der

Anerkennung ihrer Leiden. Diese Arbeit öffnet in der vom Genozid verdunkelten Geschichte einen kleinen Spalt, durch den Licht und Luft eintreten können ...

Ich weiß nicht, wie diese Entwicklung weitergehen wird. Aber ich weiß, dass es eine unveränderliche Türkei gibt, und eine andere, die wir verändern und die uns verändert.

Die erste hat mich verjagt.

Die zweite erwartet mich am Anleger ...

16. Zwischen Hoffnung und Verzweiflung

Wie man es auch betrachtet, die Gewalt nimmt zu. In der Türkei und überall sonst gestehen uns die amtierenden Politiker keinen Einfluss auf das Geschehen zu. Wir sitzen in der Falle von Herrschaftsmechanismen, die unablässig erneuert werden. Innerhalb einer immer restriktiver kontrollierten Öffentlichkeit wird unsere Stimme von Entfremdung, entfesseltem Konsumismus und Brutalität erstickt. Die Welle der Ungerechtigkeiten, Gewalttaten und Erniedrigungen verdüstert unsere Existenz, und wir finden uns mit unserer Ohnmacht ab.

Mir kommt ein Foto in den Sinn, das amerikanische Soldaten im Irak geschossen haben. Das schreckliche Bild von Körpern, die wie Fleischsäcke übereinandergehäuft sind, ein vielköpfiges Monster mit Polypengliedern. Dieses Monster sind wir. Dies Bild ist das Bild unserer Resignation.

Während ich diese Zeilen schreibe, verfolgen wir von fern die Ereignisse in Kobanê[34]. Wir beobachten den Widerstand der Kurden und sind doch bereit, sie dem Tod zu überlassen. Wir beobachten die internationalen Interventionen, die die Region im Namen von Frieden und Zivilisation destabilisieren. Die Un-

34 Die Stadt wird überwiegend von Kurden bewohnt (2007 ca. 54.600 Menschen). Im Verlaufe des Bürgerkrieges in Syrien und aufgrund massiver Binnenflucht ist die Einwohnerzahl bis Mitte 2014 vorübergehend auf über 100.000 gestiegen. Die Stadt erlangte internationale Bekanntheit durch den Kampf um Kobanê, in dem syrisch-kurdische Volksverteidigungseinheiten sie gegen den Islamischen Staat verteidigten.

tätigkeit angesichts des Verbrechens ist überall. Wenn wir die Opfer im Stich lassen, werden wir zu Komplizen.

Die extreme Gewalt zerstört jede Möglichkeit der Reflexion und nötigt zur unmittelbaren Gegenwehr. Die Spirale der Gewalt wird enger: Militärs und Machthaber schwingen sich zu Richtern auf.

Die Maxime, dass allein der Krieg dauerhaften Frieden schafft, wird allgemein hingenommen. Jeder will seine eigene Wahrheit auf die Berge, ins Meer oder in den Himmel schreiben. Obwohl sie sich doch nur verbreitet, wenn die Gewalt überwunden wird, versucht man, die Freiheit durch Stärke zu erobern. Dadurch wird die Freiheit selbst erwürgt. Ist der Kampf gegen die Repression zur Gewalt verurteilt? Können Politik und Freiheit im Kontext extremer Gewalt weiter bestehen? Ja, es ist möglich, wenn es gelingt, die Urteilsfähigkeit und die Initiative zu behalten. Man muss es wieder und wieder versuchen.

Was mich angeht, so habe ich meinen überheblichen Optimismus verloren. Die Geschichte der Zivilisation beschwert uns mit dem Gewicht ererbter Leiden. Wir erleben verschiedene Arten von Gewalt. Dennoch münden diese Erfahrungen nur selten in die Anstrengung, zu bezeugen und anzuprangern. Die persönliche oder kollektive Erfahrung verwandelt sich durch Ohnmacht in Resignation. Diese aber verschließt unsere Augen und Ohren.

Doch nehmen wir an, dass wir in einem Anflug von Mut eine Tür öffnen und anfangen zu hören, zu sehen und zu erzählen. Was dann kommt, entsteht nicht von selbst. Es ist das Werk derjenigen, die ausgetretene Pfade meiden und es zu unserer Überraschung fertigbringen, neue Gleise zu legen. Eines davon wurde in der Türkei durch den schwarzen Humor eröffnet.

In den bleiernen Jahren nach dem Putsch von 1980, als Kritik, Proteste und Schreie wirkungslos blieben und die Willkür regierte, schossen humoristische Zeitschriften aus dem Boden, denn es gab kein anderes Mittel, der Absurdität entgegenzutreten. In der von der rohen Macht aufgezwungenen Totenstille jener Zeit waren es diese Zeitschriften und Karikaturen, die junge Menschen wie mich aus der Verlorenheit retteten. Die neue Opposition bildete sich auf den verschlungenen Wegen, die der schwarze Humor erschloss.

In diesen Jahren las ich Gramsci und schrieb immer wieder den Satz ab: »Man muss den Pessimismus der Intelligenz mit dem Optimismus des Willens verbinden.« Ich finde ihn heute in meinen alten Heften wieder. Oft lese ich ihn mir laut vor, und ich zitiere ihn auf den Versammlungen, an denen ich teilnehme. Doch wenn ich ihn in Erinnerung rufe, dann vor allem für mich selbst.

Mein Wille braucht Pflege, Nahrung, Zuspruch. Deshalb kommen mir, wenn ich von Trauer überschwemmt werde und an der menschlichen Gattung verzweifle, Gramscis Worte wie zauberische Einflüsterungen auf die Lippen. Und jedes Mal, wenn ich sie vor einem Auditorium wiederhole, sehe ich, wie sich ein strahlendes Lächeln auf den Gesichtern abzeichnet. Lächelnde Lippen, die mich freudig auffordern, den Kampf weiterzuführen.

Ich spüre die Freude des Kampfs gegen die Grausamkeit. Die Freude, die uns meine durch die Folter erblindete Freundin Hediye schenkte, wenn sie in der Schwärze summte. Die Freude der Tage, an denen wir in unserer Zelle die geschundenen Körper aneinanderlehnten und tanzten.

Der Einzelne wird stärker, wenn er mit dem Pessimismus in Berührung kommt. Inzwischen bin ich stärker als in meiner Jugend. Ich habe gelernt, dass man die Welt nicht in zwei Tagen verändert.

Niederlagen, Fehler, Neuanfänge bedrücken mich nicht mehr. Statt die Arme zu verschränken und mich zu fragen, warum sich die Dinge nicht ändern, beteilige ich mich: mit Liebe und Umarmungen.

Meine Arbeit zur Frage der Kurden und Armenier beispielsweise hat mich gelehrt, dass ich eine rote Linie überschritten habe. Aber ich liebe rote Linien. Sie zeigen mir, dass ich auf dem richtigen Weg bin.

Und ich weiß, dass wir viele sind. Unzählige Menschen finden den Weg aus den Sackgassen der schlimmsten Gewalt. Das bezeuge ich. In meinem Land wie in dem von Jean Ferrat, überall in der Welt, werden die schönen und rebellischen Lieder, »belles et rebelles«, weiter gesungen.

Die Jahre vergehen: Alles geht weiter …

Acht Jahre sind vergangen, seit ich diesen Text schrieb. Es war ein Ruf nach Gerechtigkeit, mit dem ich, hundert Jahre nach dem Genozid an den Armenier*innen, der Institutionalisierung seiner Leugnung durch den türkischen Staat entgegentreten wollte, einem Staat, der zu einer Kriegsmaschine und zu einer Gefahr für die gesamte Region geworden ist. Ich habe versucht, Zeugnis abzulegen, indem ich meine eigene Erfahrung öffentlich machte. Ausgehend von einer Selbstanalyse, enthüllte ich den verborgenen Nationalismus, der auch mich mitgeprägt hatte. Dieser Prozess war nicht einfach, denn ich selbst war, obwohl ich einem progressiven, dem staatlichen Nationalismus widerstehenden Milieu angehörte, von den ideologischen Mustern der Völkermordleugnung beeinflusst. Da ich nicht die Macht hatte, diese Muster aufzulösen, rückte ich mich selbst in den Vordergrund und zeigte mich als ein Produkt, ihr Produkt. Die Begegnungen mit Armenier*innen in der Türkei hatten mir vor Augen geführt, wie verzerrt meine Wahrnehmung war: Ich schaute hin und sah doch nichts. Denn unsere Blicke werden von lauter Einflussgrößen geformt, von unseren Reflexen und Gefühlen, unseren Vorbildern und Vorlieben. Den Blickwinkel können wir nicht ändern, indem wir eine andere Brille aufsetzen. Um ihn zurechtzurücken, müssen wir uns selbst ganz und gar dekonstruieren. Das habe ich getan.

Und heute?

Die Jahre vergehen. Die Leugnung des Völkermords wird weiterhin institutionalisiert. Das autoritäre Regime verfestigt sich. In diesem Jahr wird das einhundertste Jubiläum der türkischen Republik gefeiert, der türkische Nationalismus verherrlicht. Immer tiefer verbarrikadiert sich das Land in einem Tunnel des Grauens, während die westlichen Länder schweigen, weil ihre Interessen vorgehen.

Die Jahre vergehen. Meine Dekonstruktion-Rekonstruktion geht weiter. Mit meiner Ankunft in Frankreich begann für mich ein neuer Prozess der Entdeckung und Veränderung. Mein Gesichtsfeld war stets »Türkei-zentriert«, doch ich versuchte, mehr zu sehen und meinen Blickwinkel zu hinterfragen. Dadurch ergaben sich neue Überlegungen angesichts des wachsenden Ausmaßes an Desinformation, kollektiver Kompromittierung und Ausbreitung des Bösen. In meine Dekonstruktionsarbeit habe ich die Methode der Sedimentausgrabungen eingefügt. Die Sedimentation ist ein in der Archäologie bekannter Prozess: Im Lauf der Zeit setzt sich mehr und mehr Material ab und bildet eine Schicht, in der zahlreiche Informationen eingeschlossen sind. Die Begegnung mit der kurdischen Frage hatte mein Augenmerk auf die erste, sichtbarste Schicht gerichtet. Die zweite Schicht betraf meine verspätete Entdeckung der Auswirkungen des Genozids und der Auslöschung der kleinasiatischen Griech*innen.

Mein kleiner innerer Sieg über die Leugnung des Völkermords hatte ausgereicht, um meine Hoffnungen zu nähren. Ja, ich hatte geglaubt, damit wäre es gut: Ich war befreit worden, also konnte auch mein Land gesund werden. Aber ein tief verwurzeltes Übel ist keine Erkältung, und es lässt sich nicht mit ein bisschen Honig und Zitrone kurieren.

Fern von jenem Land – meinem Land? – habe ich meine intime Archäologie weiter betrieben und die fehlenden Puzzleteile erkannt. Dem Joch des herrschenden Denkens unterworfen und von permanenter Angst getrieben, hatte ich die Unabhängigkeit meiner Urteilskraft verloren und war nicht gänzlich frei von der, mit Hannah Arendt gesprochen, Banalität des Bösen: Ich hatte mich an die Hoffnung geklammert, indem ich mir einredete, der Bart von Blaubart sei so blau ja gar nicht. Vielleicht braucht man diese Hoffnung, wenn man an ein Territorium gebunden ist.

Die Jahre vergehen. Die Begegnungen gehen weiter. In der Zwischenzeit haben sich ebenso starke Kontakte ergeben wie die in diesem Buch geschilderten. Sie haben meinen auf die Türkei fixierten Blick auf Frankreich und seine armenische Diaspora gelenkt. Ich erkannte, unter welchen Schwierigkeiten sie sich formiert und ihre Forderungen nach Gerechtigkeit im internationalen öffentlichen Raum artikuliert hat. Um ein besseres Verständnis zu gewinnen, habe ich eine soziologische Recherche zu den politischen Veränderungen dieser Diaspora veranlasst und dabei eine weitere Ebene der Geschichte aufgedeckt, die mir bislang unbekannt war. Ich hatte geglaubt, die Diaspora-Armenier*innen würden in einer politischen und sozialen Komfortzone leben. Weit gefehlt. Im Verlauf der Untersuchung wurde mir klar, wie die Entwurzelung und die Kehrtwende der mit der Türkei verbundenen Mächte dazu beigetragen hatten, die Situation der Exilierten in den verschiedenen Ländern zu erschweren – was jedoch auch ihren Zusammenschluss begünstigte. Die Gemeinschaft der Diaspora strebt auf der Basis einer politischen Konstruktion des Gedächtnisses nach Gerechtigkeit und kollektiver Würde. Diese Heimatlosen haben mit ameisenfleißiger Arbeit erreicht, dass aus ihrer Forderung nach Gerechtigkeit ein Thema geworden ist, das aus den internationalen Beziehungen nicht mehr wegzudenken ist. Diese Lehre ist genauso kostbar wie diejenige meiner Dekonstruktion. Ich habe gelernt, dass wir unter allen Bedingungen, und seien sie noch so schwierig, die Kraft zum Neuanfang besitzen.

Deshalb möchte ich diese Neuausgabe der transnationalen Bewegung *Charjoum* widmen, gegründet von jungen Armenier*innen, die den jahrhundertelangen Kampf um Gerechtigkeit mit anderen sozialen Bewegungen verbinden. Kaum in Frankreich angekommen, wurde ich Zeugin ihres Entstehens. Zwischen uns besteht nicht nur eine Übereinstimmung im Kampf – mehr noch, es ist eine Liebesgeschichte. Ich liebe ihre Integrität, ich liebe ihre Fähigkeit, sich selber kritisch infrage zu stellen und, wenn nötig, bis ans Ende der Welt zu gehen.

Es ist ein magisches Zusammentreffen der Kinder oder der Kindeskinder eines Landes, das auf äußerster Gewalt errichtet ist. Dieses Land gibt es nicht mehr. Wir haben kein Land mehr.

Die Jahre vergehen. Wir bauen unsere Welt.

Pınar Selek, Februar 2023

Bibliografische Angaben

* Seite 18/19: *Bericht der Enquête-Unterkommission »12. September« der türkischen Nationalversammlung*, 2012, und *Bericht zu den Menschenrechten in der Türkei*, Ankara, Verlag der Menschenrechtsstiftung der Türkei TİHV (Türkiye İnsan Hakları Vakfı), 1996.

* Seite 29: Rıfat Bali, *Affäre Vermögenssteuer*, Istanbul, Libra, 2010.

* Seite 31: *Yerkir Naïri* (Naïri-Land), aus dem Armenischen von Élisabeth Mouradian und Serge Venturini, Paris, L'Harmattan, 2010 (oder *Légende dantesque* (Dantesche Legende), Paris, L'Harmattan, 2010).

* Seite 35: Hakan Yavuz, *Islamic Political Identity in Turkey*, Oxford, Oxford University Press, 2003.

* Seite 37: Rıfat Bali, *Affäre Vermögenssteuer*, a. a. O.

* Seite 37: Bertrand Buchwalter, *Portrait de la communauté d'Istanbul* (Porträt der Gemeinschaft von Istanbul), in: *Les relations turcoarméniennes: quelles perspectives?* (Die türkisch-armenischen Beziehungen: Welche Perspektiven gibt es?), IFEA-Dossiers 12, Untersuchungsprogramm »Türkei – Kaukasus – Schwarzes Meer«, Istanbul, IFEA (Französisches Institut

für armenische Studien, türk. *Fransız Anadolu Araştırmaları Enstitüsü*), November 2002.

* Seite 52: Tuba Çandar, *Hrant*, Istanbul, Éditions Everest, 2008.

* Seite 57: Hannah Arendt, *Was ist Politik? Fragmente aus dem Nachlass*, hrsg. von Ursula Ludz, München, Piper, 1993, S. 34.

* Seite 58: Fethiye Çetin, *Anneannem*, Istanbul, Éditions Métis, 2004. Deutsch: *Meine Großmutter. Erinnerungen*, aus dem Türkischen von Christina Tremmel-Turan und Tevik Turan, Engelschoff, Verlag Auf dem Ruffel, 2011.

* Seite 59: Hannah Arendt, *Was ist Politik?*, a. a. O.

* Seite 61: Elbis Gesaratsyan gründete im Jahr 1862 *Gitar*, die erste feministische Zeitung auf Armenisch. Zabel Yesayan veröffentlichte Artikel in verschiedenen Zeitschriften, und Hayganuş Mark gründete im Jahr 1905 *Dzagig*. Sie werden als bedeutsame Personen jener Zeit betrachtet. Erwähnt sei ebenso die Zeitschrift *Lumière* (1907) sowie *Hay Gin* (»Die armenische Frau«), unter der Leitung von Hayganuş Mark, zwischen 1919 und 1933. Melissa Bilal, Lerna Ekmekçioğlu, Bir Adalet Feryadı. Osmanlı'dan Türkiye'ye Beş Ermeni Feminist Yazar. 1862–1933, Istanbul, Aras, 2001, S. 87.

* Seite 65: Hrant Dink, *Ruh Halimin Guvercin Tedirginligi* (Warum wurde ich zur Zielscheibe?), *Agos*, 17. Januar 2007.

* Seite 65: Blog von Étienne Copeaux, *Les colombes inquiètes* (Die ängstlichen Tauben), Juli 2012. http://www.turquieeuropeenne.eu/5275-turquie-les-colombes-inquietes.html

* Seite 67: https://pen.org/rapid-action/hrant-dinks-killer-sentenced-to-over-22-years-in-prison-other-trials-continue/

* Seite 67: Konferenz der Anwälte der Pariser Anwaltskammer, *Bericht über die juristische Beobachtermission zum Prozess gegen die mutmaßlichen Mörder von Hrant Dink*, 14. Kammer des Schwurgerichts von Istanbul, Sitzung vom 7. Februar 2011.

* Seite 73: Hrant Dink, *Ruh Halimin Güvercin Tedirginliği* (Meine Seele, ängstlich wie eine Taube), *Agos*, 10. Januar 2007.

* Seite 77: *Die Türkei von Hrant, Agos*, 20. Februar 2007.

Originaltitel: *Parce qu'ils sont arméniens*
Éditions Liana Lévi & Pınar Selek, 2015, 2023
Übersetzung vermittelt durch die Agentur Julie Finidori

1. Auflage 2023
© 2023 Orlanda Verlag GmbH, Berlin
www.orlanda.de

Alle Rechte vorbehalten

Übersetzerin: Dorothea Dieckmann
Lektorat: Annette Michael, Stephanie Koch
Korrektur: Jessica Zeltner
Umschlaggestaltung: Reinhard Binder
Coverfoto: © Shutterstock
Autorinnenfoto: © Mujgan Arpat
Satz: Brama Studio, Wien
Druck: Schaltungsdienst Lange, Berlin
Printed in Germany
ISBN 978-3-949545-47-4

Bei aller Sorgfalt können auch wir Fehler übersehen.
Deshalb freuen wir uns, wenn Sie uns Hinweise auf Fehler an folgende Adresse schicken: mail@orlanda.de